信任三角形

TRUST

[英] 希拉·霍尔特（Sheila Holt）
[英] 弗雷德里克·桑德瓦尔（Fredrik Sandvall） 著

张唯一 译

中国科学技术出版社
·北 京·

First published in Great Britain 2019 by Rethink Press Limited
© Copyright Sheila Holt and Fredrik Sandvall. All rights reserved.
The simplified Chinese translation rights arranged through Rightol Media
（本书中文简体版权经由锐拓传媒取得 Email:copyright@rightol.com）

北京市版权局著作权合同登记　图字：01-2021-7117。

图书在版编目（CIP）数据

信任三角形 /（英）希拉·霍尔特,（英）弗雷德里克·桑德瓦尔著；张唯一译 . —北京：中国科学技术出版社，2022.1
书名原文：Trust is the New Currency
ISBN 978-7-5046-9417-1

Ⅰ. ①信… Ⅱ. ①希… ②弗… ③张… Ⅲ. ①企业管理 Ⅳ. ①F272

中国版本图书馆 CIP 数据核字（2021）第 277487 号

策划编辑	杜凡如　王雪娇	责任编辑	孙倩倩
封面设计	马筱琨	版式设计	锋尚设计
责任校对	吕传新	责任印制	李晓霖

出　　版	中国科学技术出版社
发　　行	中国科学技术出版社有限公司发行部
地　　址	北京市海淀区中关村南大街 16 号
邮　　编	100081
发行电话	010-62173865
传　　真	010-62173081
网　　址	http://www.cspbooks.com.cn

开　　本	787mm×1092mm　1/32
字　　数	75 千字
印　　张	6.25
版　　次	2022 年 1 月第 1 版
印　　次	2022 年 1 月第 1 次印刷
印　　刷	北京盛通印刷股份有限公司
书　　号	ISBN 978-7-5046-9417-1/F·272
定　　价	59.00 元

（凡购买本社图书，如有缺页、倒页、脱页者，本社发行部负责调换）

推荐语

对于当今这个快速发展的世界,《信任三角形》这本书出现得很是时候。如果所有企业都能学会通过他们所做的每一件事来建立一种强烈的信任感,那么不仅能够提升企业的道德底线,还会创造出一种能够吸引优秀人才和良好机遇的文化。有意识地去建立信任,对企业、对公民、对世界都有好处。

——非营利组织B1G1创始人,佐藤正美(Masami Sato)

现在,信任比以往任何时候都更加重要。这本书为企业家们提供了一个模式,让他们能更快地建立起信任的基础,并享受这个过程。希拉和弗雷德里克总结了他们长期以来丰富的创业经验,以及他们在建立信任方面学到的知识。这本书没有高深的术语，但能带给你实用的智慧，为企业和品牌建立更强大的社会关系。

——丹特国际（Dent Global）首席执行官，
丹尼尔·普里斯特利（Daniel Priestley）

这本书内容精彩、语言直白、态度诚恳。它强调了拥有一个更高目标（或者如作者所称的"终极目标"）的重要性。作为企业家，我们可以把这样一个目标作为动力，为更大的利益服务。

——多家地产公司所有者，迈克·弗里斯比（Mike Frisby）

我很喜欢本书中的概念和"信任模型"。本书作者经过了深思熟虑，采用了一种容易理解的形式，有助于你去建立一个有效的核心团队。所有企业家都可以使用本书中的知识来引入信任，并让信任在企业中持续流动。很高兴看到希拉和弗雷德里克以这种方式合作。强烈推荐。

——畅销书《产权的魅力》(*Property Magic*)的作者,
房地产投资者网站Property Investors Network创始人,
西蒙·祖奇(Simon Zutshi)

信任是一种财富。这完全说出了我的心声。在现代的商业世界、互联网和社交媒体中,信任是最重要但却最容易被忽视的工具之一。通过在你的企业中应用作者在本书中详细介绍的原则,沟通状况和人际关系将得到极大改善,你将能更好地管理项目,并终将发现项目更容易产出你想要的结果。

——房地产投资平台Crowd with Us联合创始人,
罗伯·威尔金森(Rob Wilkinson)

三种新模型解释得既简单又清晰。"信任基础三角形""商业引擎"和"投资三角形"能帮助任何企业家走上成功之路。把它们应用到你的企业中去吧![1]

——演讲培训师,安德鲁·埃格尔顿(Andrew Eggelton)

---

1 本书所涉及商业活动均源于英国,仅作为借鉴与参考。

致　谢

感谢这些年来所有与我们共同工作过的人，是你们成就了今天的我们。

——希拉·霍尔特

谨以此书献给我的家人：
哈丽特（Harriet），伊万（Ivan）
和查理（Charlie）

——弗雷德里克·桑德瓦尔

序

成功与失败都是可以预测的。

小企业融资极难，大企业则如多米诺骨牌一般接连倒下，银行只有在你能证明你根本不需要贷款的情况下才会贷款给你，这就是当下市场的状况。在这种情形下，难道你从来没有想过停下来问一问：在当今市场主导下，企业家怎样才能杀出重围？他们是否得到了超出运作能力的资金？他们会如何运用当今独一无二的机会来发展企业呢？

成功和失败都是可以预测的。通过阅读本书，你将会深刻理解世界一流的企业家们使用的模型和方法——他们观察大众的行为，然后做出与之相反的选择。

作为一名企业家，我接触、培训和合作过的专业人士来自世界各地，数以千计。对于这个选题，我认为本书的两位作者都是权威人士，值得推荐，并且我本人也很尊敬他们。

　　第一次与希拉和弗雷德里克会面，是在2014年我们举办的一场房地产商培训班上。参加这些培训的客户来自世界各地，学习在当今市场上创立一个企业并将其系统化，以及不断扩大规模所必需的核心竞争力和基础知识。在这些要素中，有三点需要掌握，那就是"简历""财务""团队"。在这次会面中，我介绍他们结识了彼此。因为我觉得，他们一起合作，能够将这些知识整合起来，产生一种不可忽视的影响力。

　　于是诞生了本书。

　　经营企业和投资，是需要用一生去揣摩的技艺。如果你能遵照本书提供的方法去做，我可以保证：你可能不会快速发财，但最终会发家致富。

本书中所说的成功是高度战略性的，在接下来的阅读中，你将会认识到，在当今的商界和金融界，相对于合约等书面约定，人们更看重人的诚信。本书还会告诉你，站在你的角度，怎样促使企业在这方面投资。

从内部来说，企业需要吸引人才。通过阅读本书，你将认识到掌握个人档案、寻找技能互相补充的人才组合（像希拉和弗雷德里克那样）以及建立一支梦之队的力量。

当然，这些都不可能一蹴而就。我给出的建议是，利用本书分享的作者数十年积累的智慧结晶和专业知识，掌握快速制胜的诀窍，熟悉书中的原理、方法和模型，然后坚持把它们应用下去。

胜利和失败都是可以预测的。如果你能够恰当运用本书16个章节提供的指导，解决了"做何事，何时做，与何人"的问题，你将会脱颖而出，因为你已经建立了信任,吸引了合适的伙伴,并通过创业和投资创造了财富。

　　这就是一场游戏,要享受过程。

英国私人财团PPK UK董事会主席、2018年年度企业家,
丹尼尔·希尔(Daniel Hill)

前 言

现在是一个极为适合创业的时代。机遇众多，科技和创新快速发展，潜在的支持和充足的资金，只是这个时代如此令人惊讶的部分原因。现在又出现了一种新的财富——信任。对于企业和个人成长，信任的价值是无法估量的，本书将会帮助你理解这一点，深刻认识如何建立信任、吸引正确的合作伙伴以及通过创办企业和投资创造财富。现在市场上的资金比以往任何时候都更充足，而你会看到，金钱是跟随信任流动的。

关于如何建立商业信任的书籍非常少见。当谈到信任时，常常是围绕着信任的价值和如何利用信任。本书讲的是如何从无到有地建立信任，而不是在信任遭到破坏后如何修复。我们身处一种新型的经济模式中，企业家创造了融资的新方式，这种新型经济的核心就是信任。

现在的企业为获取发展和扩张所需的资金支持，采用了很多创新的方式。企业家越来越在意企业与资助者、支持者、赞助商和投资者的关系，并开始公开讨论建立信任关系的话题。世界正经历从信息时代到信任时代的转变，在信任时代，企业与客户互相之间正在变得越发公开透明，在建立和维护社群关系方面，企业家们也正在投入更大的努力。

信任，对我们经营企业的方式至关重要。与客户建立终生关系，需要付出时间。与一个富于理性的客户清单相比，建立信任与面对面服务客户、关注客户体验之间的关系更加紧密。

信任很珍贵，用金钱也买不到，然而金钱却会跟着信任流动。想要获得更多客户、更多选择、更多财富，信任就是你的终极武器，拥有了信任，你也就获得了更大的自由。

你将在本书中发现什么？

本书共分为三个部分。在每个部分，都将用图片说明一个我们开发的模型，其中的关键要素都进行了可视化表达。

第一部分：信任的基础

这部分讲的是如何实现完全信任（信任基础三角形的核心部分），其中包括如何更快地建立信任和如何运用你的直觉来做出决策。

◎ 创建完全信任，并将其置于所有企业关系的中心位置
◎ 借助调谐、第三方、时间这三块基石，建立完

全信任

◎理解金钱跟随信任流动的含义

第二部分：构建企业引擎

这一部分讲的是企业引擎的关键角色。

◎了解企业引擎的三个关键角色——开拓者、交易人和专家，并理解他们都是在执行者的支持下工作
◎在了解企业引擎中自己适合的角色后，才能知道团队需要引入什么样的人才
◎了解各个关键角色如何独立工作和协同合作，从而为企业发展做贡献

第三部分：通过创业和投资，共同创造财富

这一部分将所有的一切集合到一起——目标、

人和项目，三者强有力地结合在一起，将会为你带来梦寐以求的结果。

◎ 找到你自己的目标，即你内心真正的追求，它应该比创建一家企业更加高远
◎ 理解在企业发展与创造财富的过程中，投资三角形的各个组成部分发挥作用的方式
◎ 发现这样一个道理：当你按照正确的方式做事，就会表现得非常好

上述每个模型的形状都是三角形，是因为三角形结构最为稳固，不易变形。从桥梁、屋顶到大楼、金字塔，很多建筑物框架结构的基本形状之一就是三角形。

当同时拥有三个支点的时候，人是稳固而平衡的。三角形既可以不依靠任何其他支撑独立存在，

也可以拼接组成其他稳定的形状。因为这些形状中间没有空隙和缺口，所以也就没有薄弱之处。

信任基础三角形、企业引擎和投资三角形，都是各自独立的模型。每一个都可以单独应用并自成体系、运行良好。这些模型也可以按照本书介绍的顺序逐一应用，或打乱顺序，随意调用。不管你用什么方式，这些模型都能发挥作用。在企业经营和开展培训时积累的经验的基础上，我们创造和开发出了这三个模型，而我们自己也仍在利用这些模型发展我们自己的企业。

作为一名企业家，你为什么会选择这本书？

理由可以有很多种：

◎ 你想开发一种经营企业的新方式
◎ 你想学习在现有企业和新创企业中，如何建立

基于信任的关系
◎ 你想知道如何运用信任这一新货币，来吸引正确的商业伙伴
◎ 在已经建立起了一个成功的企业后，你想寻找新的合作伙伴和新的投资来创造更多财富
◎ 你信任的某个人向你推荐了这本书

不管是什么原因让你选择了这本书，相信你的直觉，享受这次阅读之旅吧。

我们为什么写作这本书？

在信贷公司Sapphire Lending，弗雷德里克承担的是交易人的角色。希拉是公司的所有者，因此弗雷德里克是希拉的企业引擎中的重要成员。我们两个都是企业家，每个人都有自己的商业经验，也有大量关于人际交往和建立关系的知识。弗雷德里

克在教育和帮助他人成长方面富有激情，而希拉对人际关系和人的思考方式更有兴趣。希拉的思想和行为十分独特，也颇具颠覆性。我们都是特立独行的人。换句话说，我们的想法和行动，都不在钟形曲线[1]上。

我们认为分享理念并为世界增添一些新想法，既有趣又富有挑战性。特别是那些接近我们核心理念的议题——基于信任的关系，是这种关系决定了我们建立各自企业的方式。关于信任，以及信任在当今商业世界中的中心地位，我们提供了一些新鲜的甚至可以说是发人深省的东西。我们两个都知道，金钱会跟随信任流动，信任也可以以积极的方式被运用，从而创造财富。

---

[1] 钟形曲线：又称正态曲线，它是一根两端低中间高的曲线。比利时天文学家奎斯勒首先提出大多数人的特性均趋向于正态曲线的均数或中数，越靠两极的越少，从而把正态曲线首先应用于社会领域。——编者注

目 录

第一部分　信任的基础 / 1

第1章　信任基础三角形 / 4

第2章　调谐 / 12

第3章　第三方 / 26

第4章　时间 / 39

第5章　完全信任 / 48

第二部分　构建企业引擎 / 55

第6章　企业引擎 / 58

第7章　开拓者 / 65

第8章　交易人 / 74

第9章　专家 / 81

第10章　执行者 / 89

第11章　企业引擎小结 / 95

第三部分　通过创业和投资，共同创造财富 / 105

第12章　投资三角形 / 108

第13章　目标 / 120

第14章　人 / 137

第15章　项目 / 152

第16章　表现=结果 / 160

结论 / 172

第一部分 信任的基础

在第一部分中,你将会发现如何建立和赢得信任,以及金钱如何跟随信任流动。

第1章 信任基础三角形

曾经，这个社会只信任金钱。但2007年至2008年的金融危机之后，全球银行体系几乎完全崩溃，对于金钱的普遍信任也发生了动摇。"我们相信金钱"这句话曾是将社会联结为一体的黏合剂。但是，金融危机让人们对金融体系失去了信任，国家经济随之发生衰退，现在这句话已不再适用了。由于银行遭遇了严重的信任危机，无论是企业、企业所有者，还是大众都蒙受了损失。

第一部分
信任的基础

一家银行的见票即付能力、诚信经营存款的能力以及以客户利益为先的能力,曾是(现在仍然是)大众信任金钱的核心要素。在金融危机之后,人们开始认为银行是一种没有责任感的组织。这种情况让企业家处境艰难。企业家依靠贷款来帮助企业成长和扩张,但由于作为主要资金来源的银行遭遇了信任危机,很多企业家不得不停止经营或缩小企业经营规模,他们因为求助无门而感到孤立无援,企业和金融机构之间曾经的信任关系一度荡然无存。

当前,企业家们正在寻找能够应对这一挑战的方式,如替代性的融资渠道(P2P网络借贷或众筹等)。这种新的思路和新的运营方式,其基础是信任和伙伴关系。在2007年至2008年的金融危机开始时,企业所有者就开始与富有的个人接洽。这些富人希望自己的钱能生钱,因此很愿意与那

信任三角形

些需要借款的企业家们接触。这样的现象正在不断增加。融资世界正在发生的变化,超越了人们之前所有的认知。在信任和金钱之间,一种新的关系正在形成,我们不再自然而然地相信金钱。信任成了一种新的财富,而金钱则紧紧跟随着信任流动。与之前以企业的名义和银行打交道时不同,现在企业家们会以个人的名义与他人组成新的团队。完全信任是这些团队得以形成的核心要素,同时,完全信任也处在信任基础三角形的中心位置。

信任基础三角形的三个角共同促成了完全信任。这三个角分别是:

◎ 调谐——你了解自己的本能、你的直觉,也能与他人同频共振
◎ 第三方——人们会谈起你,并会将你推荐给另

外一个人、一家公司,或给你介绍产品和服务
◎ 时间——人们决定是否信任你,是基于在一段时间内与你相处的经验

三角形的每个角自身都可以创造信任。三个角的作用结合起来,会带给你完全信任。

信任基础三角形

信任基础三角形是本书第一部分的核心,是希拉的神经语言程序(NLP)设计学术背景、我们两

trust 信任三角形

个人训练学员的经验，与对人群观察所得相结合的产物。信任基础三角形是我们企业经营活动的中心，为企业决策过程获得信息支持提供了坚实基础，让我们能够在风险和机遇中做出正确选择（见第三部分）。我们以人和信任为中心，与已经建立了完全信任的伙伴们一起，在企业中建设卓越的团队（见第二部分）。

信任，是我们日常生活的组成部分。在信任的帮助下，我们选择工作伙伴、合伙人和支持者。人们与生俱来地倾向于相信自己的直觉，并按照直觉行事。企业家面对着人员招聘、企业发展、扩大规模、市场营销等多方面的决策，在所有这些活动中，他们既需要信任，也需要被信任。

我们为什么使用三角形模型？

从数学原理上讲，三角形是世界上最稳定的结

第一部分
信任的基础

构。古老的金字塔,正是应用了三角形结构。所以,应用三角形模型确实能为企业提供一个良好的开端。而直到今天,三角形仍然是建筑设计师优先选用的结构。只要你对建筑结构稍加观察就会发现,从桥梁的基础结构到住宅的屋顶,到处都是三角形和三角形组成的形状。当将三角形组合在一起时,它们互相拼接,中间可以不留一丝空隙。所以,以一个三角形为基础,可以构建出各种不同的图形。如果你留意一下身边的大自然,同样能够观察到很多三角形。

信任基础三角形十分稳固,作为一个构件,它可以与其他三角形(你在身边建立起的其他团队)连接在一起。这个结构,有生长能力。因此,这个三角形,代表了权力和授权,而两者都能够带来完全信任。

信任基础三角形的三个角,它们既能够独立发

挥作用，也可以组合起来发挥合力。

◎ 调谐——与你的本能直觉保持一致，不管它在告诉你些什么。对于你正在准备合作的人，同样要注意你的思想是否与他们在一个频道上。要关注他人，倾听他们的话，理解其中的含义。你可能需要花费更多时间去了解他们和他们的思维方式，才能知道你们是不是能够和谐共处或互补（第2章）

◎ 第三方——当你信任的人将你介绍给其他人或企业时，这意味着他也信任你。第三方的推荐能够帮助你的公司更加快速地成长和发展（第3章）

◎ 时间——有些人会通过在一段时间内，对一个人或一个企业进行观察、思考，或者通过面对面交流、阅读他们的著作或出版物来建

立信任。在涉及建立信任的问题时，并没有用时长短的限制

在企业中，我们使用这三种方法来建立完全信任。我们的信任基础三角形是新型经济模式的基础，应用这个模型可以让你的目光更加敏锐，就像是透过放大镜来观察事物。通过使用这个模型，能够改变你做生意的方式，也将改变别人与你做生意的方式。

第2章 调谐

与他人调谐是建立信任的开始。我们两位作者本能地相信他人,除非他们证明了自己不值得被信任。这也是我们的工作方式——从工作到生活,都以直觉为基础。本章列举了我们在商业实践中遵循的六条基本原则。当把这些原则放在一起时,它们会共同作用,提供信息,并能让人们深刻认识以下问题:

◎ 与自己调谐
◎ 怎样遵从自己的直觉
◎ 怎样信任自己的内在知识

对我们来说，遵从自己内心的直觉是一切的开始。

遵从你的内心直觉

遵从自己的直觉、相信自己的内在知识，是一个人与自己调谐的前提。有些人无视直觉的指引，却常常在事后懊悔，"我就知道应该按自己的直觉行事。"

通过多年来对大量客户的培训，我们发现在遵从直觉方面，有些人非常缺乏勇气。尽管他们本能地知道，凭直觉是对的，但他们还是用理性去做决定。通常，这种做法对他们并不会更有利。我们提

trust 信任三角形

倡人们要相信自己的直觉，相信自己的内在知识。这样做能让你与他人调谐，也会在生活和企业经营过程中，帮助你做出决策。

例如购置住宅，这也许是你买过的最昂贵的东西，所以你事先会准备一个条件清单。不过，如果一所房子让你感觉很舒服，甚至能让你想象出自己生活在其中的样子，这种情况常常意味着你已经做出了选择。此时，清单已经无所谓了，你的内在知识已经做出了决定。我们的直觉与情感密切相关，在决策时，情感常常会无视逻辑。

也许，如果能向动物学习，我们就会更加信赖自己的直觉。2004年12月26日，印度洋海域发生强烈地震并引发海啸，有很多报道指出，在海啸发生前数小时，人们还毫无警觉的时候，在低洼处觅食的动物突然开始向高处逃窜。天气晴好、风平浪静，但是动物们表现出了反常的行为。因为原因不明，这一现象当时让人很难理解。实际上，它们的行为都是出自自觉——即本能的反应。本能告诉它们，危险正在到来，赶快逃走，而人类却还什么都没感觉到。仅仅在斯里兰卡一地，海啸就夺去了3.5万余人的生命。还有报道称，没有野生动物在海啸中死亡。

以人们希望的方式对待他们

"以人们希望的方式对待他们"这一黄金法则，我们相信是很有道理的。我们也对其他人充满好奇，想要理解他们行为方式背后的逻辑。

在开始一段新的商业关系时，持有开放和好奇的心态（以做真实的自己为基础），让我们能够通过社会暗示和某些无形的东西，更多地了解他人。有很多东西是我们看不见但能够感受到的，比如活力和热情。通过留意他人的行为方式或外在形象，

信任三角形

我们可以调整自己的沟通方式，让自己更受欢迎。毕竟，受欢迎是一件好事。调整自己的沟通方式，也可以显示出我们与他们处在同一频率上。这将有助于形成一种和谐、富有成效的商业关系。

另外一种与他人调谐的方式是通过身体语言。比如，留意别人的站姿、动作、呼吸。比起只关注有意识的谈话，对他人进行整体观察，会让你更加全面地了解一个人。每个人都是一个完整的系统。我们不仅仅是自己口中的那个人，我们的身体和我们的动作，同样是自己的一部分。让我们回到呼吸的例子上。呼吸，是生命的基础，也为我们更加深入地了解他人提供了机会。注意他人的呼吸方式，是深还是浅，是急促还是缓慢。浅或急促的呼吸，表明他们可能处在焦虑之中，即使此时他们说的话听起来相当有信心。通过留意他人的呼吸节奏，你甚至可以在某些时候与他的呼吸达到一致。这将会让你对这个人产生深刻的认识，帮助你与其建立联系。

倾听

倾听很重要——只是认真听其他人在说什么，而不去思考自己要说什么。分辨他们在传达自己信息时所用的词汇——这些词是积极的还是消极的？他们是在直接地表达还是在暗示某些东西？这些词是只跟说话者有关，还是提到了其他人？同时，还要留意他们谈话时的语调。对于人们真正的想法，我们从语调中能发现更多线索。

倾听的另外一面，是听出那些省略掉和没有说出来的部分，其中的信息量也很大。领会没有说出来的部分能够给你提示，帮助你理解说话人的潜台词。

把问题作为一种创造理解的工具

根据过去25年对客户进行培训的经验，我们发

信任三角形

现在生活中有很多人害怕提出具体的问题，特别是当讨论的课题不那么浅白的时候。人们常常点点头，假装理解了正在讨论的话题，而不是问一问，"你到底在说什么？""你到底指的是什么？"如果对方没有回应，或者给出了模棱两可的答案，甚至是不正面回答你的具体问题，那么你就得开始考虑要不要继续信任这个人了。你有充分的理由怀疑你们之间的真实关系对你是否有益。因此，你可能会想要进一步探究，继续问出具体问题，直到你完全理解了对方为止。

如果想更深入地理解一个人，与他更加合拍，提问是最好的沟通工具之一。我们两个人都喜欢"模糊的技巧性的问题"。这种问题就像一张网，可以捕捞到各种信息，然后再根据这些信息问出具体问题。如果你有足够的好奇心和自信心，深入提出更多问题，就会让自己和对方都能了解到更多信息。

第一部分
信任的基础

恰当的提问能够帮助理解。我们要从帮助他人更好地理解他们自己的角度来提问，并通过提问来引导他们。毕竟，他们比其他任何人都更加了解自己的内在世界，而让他们知道我们对他们的内在世界完全接受也很重要，这种接受能够创造信任感。在一场会面结束时，你没有谈任何关于你自己的话题，只是让对方对他自己的认识更加深刻，是完全有可能的。根据信任基础三角形，你还要想一想，是不是需要在他身上花费更多的时间，或是否与第三方提起这个人。

真实

要对自己诚实。

对自己诚实是什么意思呢？真实，就是要做真实的自己，百分百真实地展示自己。这不仅仅是对客户有礼貌的问题，也不仅仅是一种坦率的行为

信任三角形

方式。一段商业关系中，相信自己是真实的十分重要。你可能效率很高、成果丰硕，或者在数据和预测方面做得很棒，但你仍然是一个有着完整个性的人，会以各种方式对他人和不同情况做出反应。不管你的个人品质和个性如何，你都会有脆弱、羞愧、难过、放松、恐惧的时刻，要相信你自己可以让外界和与你做生意的人看到你不同的侧面。只有你允许自己做真正的自己，其他人才能知道他们可以信任你。这件事是双向的，因为不管是做生意还是社交，当他人在你身边时，你做真实的自己能帮助他们展现出真实的自我。做真实的自己，是建立完全信任的一把钥匙，占据了信任基础三角形的中心位置。这正是我们在做生意时赢得新客户的方法。他们先要理解了我们，随后才能认可我们；即使他们决定不与我们合作，也是建立信任的过程。做真实的自己，能消除所有的疑惑，对双方都一样。

与价值观相同的人一起工作

信任，需要你去建立或赢得，一个很好的方式是和那些与你价值观相似的人去调谐。

我们这里说的价值观是指什么呢？

价值观决定了你是谁，以及你在生活中的行为方式，是你确定行为对错好坏的评判标准。我们的价值观就像是磁铁，会吸引那些价值观相似的人，并能帮助你避开那些价值观相反的人。

价值观也能决定行为。例如，如果你喜欢开放的双向沟通，你觉得这会催生什么样的行为？我们会注意到一种行为的出现，我们也会注意到一种行为的消失。根据经验，我们更容易发现与自己价值观不同的人。比如，我们与一个新认识的人接触时，总是假设他们会用一种诚实、开放、双向的方式来沟通。一段时间之后，通过你的评判标准，你就能明显看出他们价值观是否与你一致。

信任三角形

根据环境变化，人的价值观也会变化。我们对于企业、家庭关系、友情等有着不同的价值观。最重要的是我们要记住，不管环境如何，都要诚实面对自己的价值观。当你完全与另外一个人调谐，他的价值观将决定你是否愿意与他做生意。对于他人的价值观和行为，你的直觉会引导你的感受，能告诉你你和他们是否可以和谐共处，以及你是否可以相信他们。

在一个可信赖的商业关系中，具有和谐的价值观是值得的，也是必要的。怎样才能确定你想要合作的人与你具有相同的价值观呢？问他们问题。通过问问题，你能够发现他们看重什么，喜欢什么，不喜欢什么。在提出下一个问题前，仔细观察他们的反应。最后，你将发现你需要知道的东西，以及你们之间是否能够创造出可信赖的关系。

第一部分
信任的基础

希拉的故事——价值4万英镑的教训

多年前,希拉用自己的钱开了一家信贷公司,当时信任基础三角形还没有开发出来。公司最开始借出的几笔钱,都如期收到了本金和利息。

一天,希拉接触了一个潜在借款客户。在询问了大量关于其个人生活、经济状况和借款用途的探索性问题后,希拉与其达到了调谐。在这一过程中,希拉发现自己更多的是在使用自己的理性,而没有与自己的直觉保持一致。她的理性正在说服她自己——这个人会是一个好的信贷客户,因为他正在为自己的投资性资产进行二次融资。希拉的理性告诉她:"可以,就这样做吧!"然而,随着进一步提问、了解和对借款及其细节的深入讨论,她直觉中的声音越来越大,"不!不要这样做!"

但是，希拉还是选择了无视自己的直觉。甚至到了最后关头，4万英镑将要转出的时候，她的直觉仍在尖叫："不要这样做，不要，不要，不要，拿好你的钱！"但最终，她还是以"这对企业来说是一笔不错的交易"的理由说服自己，把钱贷了出去。

两年之后，这位客户宣布破产，希拉的4万英镑借款一分也没拿回来。这一切都是因为她当年无视了自己的直觉。此时，唯一让她感到安慰的是，损失的是她自己的钱而不是其他客户的钱。

之后的迹象表明，希拉的这次损失对她的个人成长和企业发展，都是具有积极意义的。后来，因为严格的制度和良好的经营状况，希拉的信贷公司Sapphire Lending成为英国第一批获得英国金融行为监管局（FCA）全部信贷资质的企业。依靠直觉做生意的人，不止希拉一个。她了解到，像苏格勋爵（Lord Sugar）这样的巨头也是利用直觉来进行商业决策的。失去的金钱发挥了作用，希拉学到了很有价值的一课。后来，企业的市值增加了很多倍，也吸引了很多合作伙伴，拥有了很多忠实客户。这些回头客都认识到，信任，是一种新的货币。

如果你认为生意只是跟借款有关，那么你就抓错了重点。生意的关键所在是联系、沟通和信任——而一切的开始，是调谐。

第3章 第三方

我们所说的第三方,是指哪些人呢?一个你已经建立信任的人,在将你推荐给其他人或其他企业时,就成了所谓的第三方。你也可能成为推荐他人的第三方。通过这两种方式,第三方的推荐能帮助你建立起信任网络,扩展生意版图,吸引新的客户。根据我们的经验,第三方推荐能够加速你的个人成长和企业发展。

在前文中,我们介绍了信任基础三角形。接下来，我们将向你展示如何通过与生意合作伙伴调谐，强化第三方要素。第三方对你的推荐，也会随着你与其交往的时间（时间是信任基础三角形的要素之一，见第4章）增加而增多。

起决定作用的第三方

对其他人的想法感兴趣，是人类的天性。在做决定或购买产品、服务时，我们同样想知道其他人的想法。当我们信任一个人时，我们会重视他的建议。

这是一个怎样的过程呢？例如，你正在因为一个信息技术（IT）问题寻求帮助，有个你信任的人可能会建议你与一位专家联系。他之前在工作中接触过这位专家，觉得他很不错。因为你信任这个第三方，所以你可能会对他推荐的人同样有信心。通过与被推荐人调谐，你也能与他建立信任——问他

trust 信任三角形

一些探索性的问题，考察你们的价值观是否相似，这为达成商业协议奠定了坚实基础。

下面是一些第三方推荐的案例：

◎ 你正在寻找什么人或什么物品——你会获得被介绍或被推荐的机会
◎ 有人正在寻找你能够提供的东西——在你没有主动推销的情况下，别人主动来找你
◎ 出乎意料——因为第三方，你获得了从前从没想过也没有去争取过的机会

我和希拉经由双方都信任的第三方介绍，开始了合作，可以说是十分幸运的。当时，希拉正在寻找合伙人，然后被介绍给了我。在我看来，希拉正在为她的企业寻找一位交易人——这正是我擅长的领域。我们两个人都喜欢与我们信任的人一起工

作。我们之间诚恳、开放的双向交流，以及对彼此的透明，帮助我们完成了很多项目，并创造了让我们乐在其中的完全信任。一起工作，让我们在很多方面实现了双赢，包括：

◎ 乐趣
◎ 互补的技能
◎ 一致的价值观（促进个人和企业成长）
◎ 新的机会
◎ 扩大规模的能力

还有几次，我们从未接触过的第三方的推荐，给我们带来了潜在商业机会。他们之所以推荐给我们，只是因为我们的声誉和我们做事的方式。

第三方的建议，并不总是来自直接或间接推荐。当我们都信任的人在提及其他人时，我们会很认真地听取他们的说法。我们会将这种"背书"记录下来，因为在我们做交易、寻求支持时可能会用到，或者直接将其看作一种潜在的机会。如果建议来自我们信任和尊敬的人，我们会感觉更加真实和可信。经验告诉我们，与第三方调谐和建立信任的过程，能产生积极和成果丰硕的商业关系。

一家大型跨国科技公司在寻找专业的交易顾问时，就是这样的情况。公司的一名执行官推荐了弗雷德里克，他们都觉得应该见一面，讨论一下，这样他们才能建立互信，进而探索合作的可能性。至于签署协议，那就只是个时间问题了。

网络信任

在约见一个人之前，我们常常已经有了喜欢或不喜欢的印象，并在见面之后得到验证。在数字时代，与一个人面对面接触之前，我们就已经拥有无限的机会去深入挖掘信息。当正在寻找一个能够填补空缺或提供服务的人，或能够成为下一个客户的人时，你可能很想知道在你的关系网络之外，谁正在被推荐。

能够立刻在线搜索关于他人的信息，是当今时代的优势。你在检索的时候，心里可能会浮现出这几个问题：

◎ 我能对这个人建立起信任吗
◎ 我能查证他们对自己描述的真实性吗
◎ 我能找到第三方的"背书"吗

在你收集关于他人的声誉和可信度的社会性证明时，那些博客、视频、网文等发布在网络上的内容，可以作为一个很好的开始。例如，他们

信任三角形

可能会在博客上分享个人生活，其中一些专业信息可能会表明他们是某个领域的意见领袖。在你见到他们之前，这些信息将会让你形成一个第一印象。

现在利用网络查询他人信息已经是很平常的事了，你可以通过搜索引擎等发现很多在线资源，比如各种文章和新闻，以及视频和图片等。如果你感觉某个人是你要找的人，就行动起来与这个人直接联系。这也许就是你一直在寻找的机会。

当然，别人也可以以同样的方式找到关于你的信息，或者是关于你的企业，甚至是你社交生活的信息。在管理得当的情况下，你的网络形象会让你看起来更加可信，其他人会更加愿意与你做生意。因此，对你的网络形象进行持续管理非常重要。如果你自己疏于打理自己的网络形象，那你就只能任由别人评说了。

第一部分
信任的基础

推荐

来自你信任的第三方的推荐,比你能够收集到的任何事实、数据和研究结果都更有说服力。优质推荐是所有企业的命脉。愉快的客户是推荐的来源。我们两个人都努力让我们的企业做正确的事,以让客户感到愉快和满意。

弗雷德里克真的很喜欢推荐别人。他会询问别人的需求,然后将自己关系网中的相关人士推荐给对方。因为推荐时,人选已经经过了弗雷德里克的预先评估,从而节约了被介绍人的时间。比如,弗雷德里克给一个客户介绍一个经纪人,这个经纪人也对弗雷德里克推荐的客户很信任。这种推荐方式,因为对客户事先经过精挑细选,让经纪人感到自己的时间和经验得到了尊重,而一起做生意的机会也就大了很多。第三方在进行推荐的时候,诚信也很重要。

我们再看一个例子。比如你想要买一辆新车，对于自己感兴趣的品牌和型号，你可能已经在汽车杂志中看了不少文章，在视频平台看了不少客户访谈了。然而，如果这时有一个你很信任的亲友告诉你，他刚刚购买了另外一款车，推荐你也买一辆，那你很可能就会考虑去试驾一下。通过这个例子，我们向你展示了三种不同的第三方信息：行业杂志、客户访谈以及亲友推荐，在不同的环境中，这三种信息具有不同的价值。

第三方的力量

第三方对你的推荐，比你的自述要有力得多。某种形式的鉴定或第三方认定，会让另外一个不相关的个体或组织确认某个关于你的信息的准确性，感到你是真诚的、值得信任的。下面是第三方认定的一些案例。

第一部分 信任的基础

◎ 在行业相关的评比中入围和获奖（如果你足够幸运）是获得认可的极好方式，这能够帮助你提升专业形象。获奖意味着你与同类人员（企业）做过对比，并且你的成就得到了认可

◎ 被一项重大活动的主办方邀请作为特邀演讲人，这会将你定位为行业专家

◎ 因为在谈话中受到了第三方推荐，从而被他人联系，一般说明你是被高度认可的

◎ 获得推荐信，这是你或公司的财富，也是你或公司地位的象征

◎ 获得认证或贸易会员资格，将会增加你的商业可信度

◎ 获得了优先合作地位，这意味着你不仅具备了与某个组织的合作资格，并且与该组织进行过多次合作并得到了认可

◎ 如果你已经是一个组织的优先合作方，那么在你

信任三角形

与其他组织接洽时，会让你更加可信（关联的力量）

◎ 在进行大规模商业交易时，通过开展背景调查和查询可用的第三方资源来进行严格评估，是很常见的现象

人们都希望对要做的事情的正确性进行确认。例如，我们很少聘用没有他人推荐的新员工。在接受教育或进行商业投资之前，我们建议你对课程或项目进行严格的评估或背景调查，其中就包括了借鉴第三方的想法和经验。这也是信贷公司Sapphire Lending和森德威尔（Sandwell）投资公司的运作方式。在做交易、投资或做中介之前，我们会事先通过内部程序和外部的第三方推荐来进行背景调查。

久而久之，通过线上、线下或其他偶然的方式，你会不断接收到一些新东西。可以是一个人的名字、一本书、一个课程或一个机会。一旦你的注

意力被吸引,好奇心就会被激起,进而会促使你进一步去搜索信息。好奇心常常促使人们求助于网络。另外一个了解他人的方式当然是通过介绍和推荐,这是第三方信任的完美范例,也是所有企业的命脉。

第三方介绍

麦克,是弗雷德里克十分信任的第三方。有一个麦克十分信任的商人约翰向麦克咨询投资问题。约翰的公司位于迪拜,想要投资英国的房地产。麦克这样建议他:"你最好能跟弗雷德里克谈一谈。"

麦克知道,弗雷德里克早在1997年就开始进行房地产投资了,他关注细节,名声在外,而高利润的投资结果,也能充分说明问题。麦克也知道,弗雷德里克受到很多客户信任,甚至全程把控交易。因此,当约翰请麦克推荐时,他很自然地推荐

信任三角形

了弗雷德里克。

同理，约翰之所以咨询麦克的意见，是因为他高度重视和信任麦克。虽然他从来没有见过弗雷德里克，但他对于自己被介绍给弗雷德里克，丝毫没有反感。之后，弗雷德里克和约翰通过电话谈了二十分钟，发现他们有着相同的价值观、同样的从军经历和相似的作息习惯，并且他们控制风险的方式也是一样的。在这样的基础上，他们决定一起合作。

这一可靠的介绍，使他们很快就建立了互信。在发了两封电子邮件之后，他们已经决定签订合同了。弗雷德里克履行了他对约翰的承诺。此后，尽管两个人都还没见过面，仍续签了几次合同。得益于第三方的完全信任，以及共同的价值观，这一商业关系得以建立，这充分表明——金钱会跟随信任流动。

第4章 时间

在本章中,我们想要与你分享如何利用好时间与人沟通,从而在各方之间建立起信任关系,以及这种信任关系会怎样发展成为长期有效、成果丰硕的商业关系。

沟通

得益于社交媒体平台的繁荣发展,现在与人保持联系和建立关系比以往任何时候都更加容易。人

信任三角形

与人之间长时间的沟通，能够帮助他们建立信任。在与某个人有了很多互动之后，对方会更愿意去了解你。他们会问你一些问题，比如你是做什么的，你是怎样经营企业的，或者你是否能以某种方式提供帮助等。你们可能关注同一类事件，或者发现彼此有相似的背景或经历：这些能够鼓励你们保持联系，同时加深相互理解、建立信任。当你找到了他人喜欢的沟通方式（面谈、网络、电话等），表明你已经与他们的喜好实现了调谐。这也有助于巩固关系。不同的人，喜欢不同的沟通方式和沟通频次。

　　花时间、挤时间、用好时间。在跟那些你最终可能会与他们做生意的人发展关系、建立信任的过程中，时间是一种重要的资源。人与人的关系，从一粒种子开始，需要不断浇灌，才能长成一棵大树。随着关系的不断深入，大树才能结出丰硕的果实。

第一部分 信任的基础

热爱交际,心态开放——不只是为了做生意

我们两个人的大部分生意都来自社交。随着时间推移,在社交中建立的人际关系逐渐加深时,信任也就建立起来了。有些人与我们相处的时间越长,他们的感觉就越舒适,这让关系更加紧密,并经常带来生意机会。我们观察到,当人们善于社交时,真的更容易建立友好关系。接触和相似性,是所有关系的基础。人们喜欢看到人真实的一面,而不只是他们做生意时的样子。自然,你的核心客户常常是那些最忠实的客户——他们是你的拥护者。经验告诉我们,信任能够带来生意,而随着时间变化,信任关系还会演变成忠实的商业关系。

乐于交际,常常会带来开放的心态。开放意味着透明,而透明最终意味着清晰。在商业生活和社交生活中,你可以是透明的。透明度,即你选择展现出你生活中的多少个侧面。要让企业中任何正在

发生的变化都清晰可见,因为这种透明度能够带来和变化本身一样的益处——让客户和你一起经历企业发展的过程。对你的成功和失败,保持同样的透明。信任从来不是完美的同义词。我们毕竟是人。与人分享你战胜挑战的过程和经验教训,是一件很有益的事。随着时间推移,你越透明,你的客户带给你的回报也就越多。

始终如一

如果你告诉他人,你会做什么,那么你从今天开始就得按照承诺去做。要做一个可靠的人,通过始终如一的表现展示你的可靠性。

一个值得信任的人也可以是灵活的,因为情况也确实在不断变化。从你说要做什么的时候到真的需要做的时候,环境可能已经发生了变化。我们都知道适应环境变化的重要性。在军队中,指挥官发

第一部分
信任的基础

布了命令,但更重要的是,他要将命令背后的目的和精神实质传递给部下。这能让士兵根据环境以最好的方式行动,并且始终如一地遵守命令。当情况发生改变时,要适应并灵活应对新情况。如果新的情况让你不得不对之前承诺过的客户说不,请保持公开透明,诚实面对。让客户知情有助于保持他们对你的信任。

保持前后一致,同样事关管理期望值,让他人对你在何时取得何种结果保持现实的态度。永远不要过度承诺,这十分重要。因为提高了期望值但事后却无法满足,将会伤害到你花费时间建立的信任。再重申一次,环境可能会因各种原因而改变。

要保证你说的就是你的本意,不要口是心非。遵守诺言,这可以增强你的诚信度。诚信意味着永远不要违背你的价值观,在独处时也是如此。

trust 信任三角形

公平与平衡

人的心理,就像是一个银行账户。你可以存款,也可以取款,额度随意。积极的感受是存款,消极的感受是取款。理解一个行为背后的意图与存取本身的重要性是一样的,要重视你的感受。从商业关系中存取时,要十分谨慎,因为这种关系的基础是公平与平衡。如果长时间以来存款了很多次,而你现在想取款,其他人会觉得这是公平的。互相信任,使得在这段关系中的双方都可以存取。从长远看,公平与平衡在任何关系中都很重要。

终生关系

长达一生的关系,其基础是随时间建立的信任。它不断告诉我们,金钱会跟随信任流动。信任的等级越高,在生意上的摩擦和障碍就越少。

我们两个人都对与客户建立终生关系十分关

第一部分
信任的基础

心。相对于创建一个巨大的客户群，我们更倾向于与那些愿意与我们长期合作的客户一起工作，创造利润。为建立终生关系，我们从一开始就会利用本书中的基本原理来建立关系。随着时间推移，完全信任会不断发展。对于我们来说，终生关系等同于更轻松地沟通和更顺畅的交易过程。

在信贷公司Sapphire Lending，我们通过诚实、专注、守信、企业价值观、信任和沟通建立了终生关系。所有这些都促使借贷双方一次又一次合作。随着关系质量的提升，生意的质量也在提升。放款人借出的资金越来越多，而借款人则带着更大更优质的地产开发项目再次融资。

在一些终生关系中，对于一个个体的信任是最重要的。例如，弗雷德里克曾经在很多咨询公司工作过，一些客户会跟随他从一个公司到另一个公司。在这个案例中，客户对于弗雷德里克的忠诚

度，超越了对某个企业的忠诚度。在其他的终生关系中，公司的作用则超过了员工。例如，弗雷德里克曾建立了与苹果公司的关系。他为自己、家人和企业购买了很多苹果公司的产品。从苹果公司的角度看，这个客户的终生价值的现值至少有2万美元，而客户忠诚度的价值比2万美元还要高，特别是当弗雷德里克成了一家苹果品牌店的拥趸之后。

随着时间建立关系的故事

乐于社交、心态开放、诚实守信、享受过程，这是希拉做生意的方式。例如，希拉有一个客户，最初是在社交中认识的，随着时间推移，她们成了真正的朋友。随着友谊和关系的加深，她们经常问对方："我们怎样才能一起工作呢？"最后，一个机会自然而然就出现了，

第一部分
信任的基础

他们一起做了第一单生意。希拉通过自己的公司，为她的一个项目提供资金。第一个项目很成功，随后希拉的企业为这个客户一系列盈利颇丰的项目提供了资金。她们两人之间的互信是随着时间建立起来的，这也让她们可以在需要的时候开诚布公地交换想法。

当你与某些人保持联系，并在很多社交或商业场合与他们见面时，要让他们看到真实的你。我们发现，长时间坚持做正确的事，能培育出忠诚客户和终生关系，以及最重要的东西——信任。

第5章 完全信任

客户与我们合作的基础是完全信任。例如,在信贷公司Sapphire Lending,我们会将借款方融资项目的细节发送给贷方。然后,由贷方决定是否为这个项目贷款。完全信任,让这个过程耗时很短。完全信任在信任基础三角形的中心(第1章),被建立信任的三个关键要素(也是信任的基石)围在中间。

◎ 调谐——与你自己和你的直觉调谐。一旦你做到这一点,你将会拥有更强的与他人调谐的能力,从而可以通过直觉做出决策

◎ 第三方——第三方是一个你已经信任的人,他将你介绍给了其他人或其他企业,或者反过来,是他把其他人或其他企业介绍给了你。第三方推荐使你能够扩大生意网络,让你与之前不甚了解的人产生联系

◎ 时间——在建立关系和信任的过程中,时间是一项可供支配的珍贵资源。我们每个人都可以选择用不同的方式利用时间。通过智慧地利用时间,可以建立起信任

当你具备了信任基础三角形的三块基石,你就已经建立起了完全信任,它就在信任基础三角形的中间。三角形的三个角,既各自独立,又互相依存。

信任三角形

完全信任，是从调谐、第三方推荐和花时间培养关系中建立起来的。与他人调谐，以他人希望的方式对待他们，提出高质量的问题并认真聆听他们的回答。在社交和商务活动中，要为建立关系投入时间，因为这可以培育出终生关系、长久合作和完全信任。

在金融机构与其客户之间的信任受到动摇的经济环境中，建立信任，是我们遵循的一种可以盈利的经营理念。对于许多经营前沿业务的老牌企业家和新兴企业家来说，信任确实是新的货币。

◎ 基于信任的关系更加牢固

◎ 当你信任某个人时，你会显得很在意他

◎ 在一个建立在完全信任基础上的环境中，人们可以自由地展现真实的自我

◎ 互相信任的人会互相帮助、彼此支持

第一部分
信任的基础

◎ 信任,是所有关系的黏合剂
◎ 信任与环境有关——你可以在一些环境中信任某人,但在其他环境中则不会信任他(例如,在企业中,你对一个人完成某项任务给予信任,但在生活中却不会信任他)
◎ 与你了解、喜欢和信任的人做生意

习惯

习惯决定了人的行为方式,并且可以用"是什么"和"做什么"来将其进行分类。下面的内容,对第一部分进行了简要地总结。

是什么:

◎ 开放、诚实和透明
◎ 可信和真实
◎ 你的行为要可靠和始终如一

信任三角形

做什么：

◎ 行为正直、信守承诺、履行职责
◎ 在关注自己利益的同时，也要关注他人的利益
◎ 在你承诺的时间里，坚持做你承诺要做的事

金钱跟随信任流动

希拉的公司很早之前举办过一场晚宴，在宴会上，希拉的一位好朋友谈及自己手里有一笔钱，正在考虑如何使用。她已经有了一些选择，例如，可以将钱放在银行，但这样利率是很低的；也可以直接投资房地产，但她对此毫无兴趣。还有一个介于两者之间的办法，将钱通过希拉的公司以固定利率借出去，这样一来，她将会收到比存在银行高很多的利息。这

第一部分
信任的基础

位朋友与希拉相识多年，了解希拉公司的运营方式，她们之间很早就建立了完全信任。在4天内，交易就完成了，5万英镑通过希拉的公司被贷了出去。希拉为她的朋友牵线的这笔生意十分成功，而这项交易能够完成，全部依赖完全信任。如今很多年过去了，她们一直在合作，并且，这位朋友还把希拉的公司介绍给了很多人。

第二部分 构建企业引擎

在第二部分中，我们将会为你描摹那些有能力组建起一支强大的团队，真正能够促进企业成长的关键人物。

◎ 开拓者——具有远见卓识和强大行动能力，善于创立品牌、建设和领导团队

◎ 交易人——推进销售，促成生意，负责招呼新客户，服务回头客

◎ 专家——关注细节，紧盯目标，战术高明，负责专业领域的事务

◎ 执行者——不管工作大小，落实到位；每一项任务都落地，每一次服务都令客户满意

第6章 企业引擎

在企业中,企业引擎由三个关键角色组成,这些角色让人们可以发挥自己的长项,创造出有吸引力的互动和表现。这三个关键角色分别是开拓者、交易人和专家,他们之间会发生互动并相互依赖。执行者处在企业的中心位置,对所有企业的成功都很重要。

企业引擎图形化之后,也是一个三角形。在思考企业的基石时,它是一个简单有效的可视化思维方式。如果你的企业中的开拓者、交易人和专家数量众多，你就已经完成了大部分团队组建工作。认识到企业引擎的力量，然后构建这样一台自己的引擎，便为企业的高速发展奠定了坚实基础。

企业引擎

作为一名企业家，你可能意识到自己就是三块基石之一，也可能是一个执行者。在确认了自己的天性适合哪一个角色之后，你得为三角形中的其他角色找到合适的人选。

trust 信任三角形

◎ 开拓者将会为你提供愿景
◎ 交易人将会促成交易，将所有物品推向市场
◎ 专家将会以高明的战术，建立体系和流程，创造出你想要的结果

不管你认为自己是企业引擎中的哪一角色，企业都是从你这里开始的——因为你是创业者。你擅长什么？你的天赋是什么？你喜欢什么？当你弄清了你的长项，并理解了你在企业中的固有角色，就已经为补充企业缺失的功能做好了准备。也许，你团队中的一些成员，也包括你自己，需要调整一下角色，这样一来每个人就都不用再勉强自己，从而能为企业贡献出更大的能量。例如，你当下的角色是企业内的专家，但实际上，你的风格、本心和能力，都更像是一个交易人；你现在可能担任的是开拓者的角色，而你真正擅长的角色可能是一个专家

第二部分
构建企业引擎

或一个交易人。

作为一个创业者,你必须认清自己和其他人在企业中适合的角色。随着经营理念的发展,要做好在必要时退出企业管理工作的准备,以企业所有者的身份继续去精进、出彩和成长。

选择团队成员的程序,有一部分是建立在第一部分提出的信任基础三角形的基础上的。当关键人物各就各位,经由他们的能力驱动,充分利用他们的技能,团队工作顺畅,信任随之而来。整个企业引擎的基础是信任。因为每个人都能接受彼此,每个人都能成为真正的自己。要知道,每个人都是不同的。如果成员们拥有互补的专业知识,那么这个团队将会是一个强大的团队。

例如,无须任何讨论,我们自然就能知道,希拉团队中某个成员的技能所适合的角色。这就使得确定某项工作的最佳执行人,无须经过讨论和决

trust 信任三角形

策。因为我们知道自己的优势,更重要的是,我们也知道企业引擎中其他人的优势,所以我们可以一起顺畅地工作。

找到并弥补缺口

我们都有不同的优势和劣势。通过让人们发挥各自优势,你就能识别出团队的能力缺口,从而加以弥补。例如:

◎ 在企业引擎中寻找自己正确位置的过程,就是一个对自身天然适合角色的认知过程——你的性格和技能到底适合做什么。或者你也可以思考一下,什么样的企业与你自身、你的心流和你的激情更相符;又或者你可以在一个已经存在的企业中找到一个能让你茁壮成长的角色

◎ 作为一名企业家,要始终谨记,你身边的人如

第二部分
构建企业引擎

果在你不擅长的领域中表现很出色是一件好事
◎ 吸引正确的合作伙伴意味着你要知道你的企业引擎中缺少什么角色,更重要的是,知道对于你正在物色的角色,哪些人具有天然的优势
◎ 将他人整合进团队后,你就是在经营企业,而不只是在企业中工作了,从而可以专注于高层次的企业发展战略问题。实现了这一点,你在经营中将会更有信心,在企业成长时,你无须担心会卷入过多细节之中

在选择了一个与你个性、技能和长处相匹配的机会后,你就具备了招募工作伙伴的条件。他们可能是开拓者、交易人、专家或执行者。在你构建企业引擎时,要保证每个人都能对自己的专业领域负责——一个人只做一件事,而不是一个人什么都做。

信任三角形

承认其他人在某些方面比自己表现更好,是很有益处的。这样一来,我们就会让这样的人去担任企业中的某个角色,他们自然比我们更适合。有时候,即使我们很擅长某项工作,也不妨将自己的角色让给在这方面胜过我们的人。

要建立一个能够推动企业向前发展的团队。利用人们天赋的长项,意味着一加一加一大于三。这会让每个人都能在各自的岗位上焕发光彩。行动起来,去做重要的事,才能让一个企业脱颖而出,这也是企业引擎由开拓者、交易人、专家组成,并有大量执行者作为核心的原因。

在接下来的章节中,我们将更加详细地解释企业引擎的每一块基石。这部分内容,又为第三部分(通过创业和投资,共同创造财富)奠定了基础。

第7章 开拓者

一个开拓者，是光、是火，是一家公司中最有号召力的人。他们是品牌的驱动器，是创意生产者，是以人为中心的领导者。开拓者是企业中的明星，在公众眼中，也常常代表了公司或品牌的形象——听到他们的名字，人们就会想到该公司或品牌。例如，埃隆·马斯克（Elon Musk）已经成了特斯拉的代名词。同样，对于很多人来说，理查德·布兰森（Richard Branson）就相当于是维珍

信任三角形 trust

集团。一个典型的开拓者，充满了能量。他们经常被描述为是思维独特、善于创新和能够启发灵感的人。在开拓者中，有一些是离经叛道的人，有一些是颠覆者，当然，有些人两者兼而有之。

离经叛道的人，有别于主流大众。他们的所思所想天生与众不同，经常与传统想法背道而驰。

颠覆者会改变我们行动、思考、做生意和日常生活的方式。颠覆者能通过生产效能更高、更有价值的新产品，取代一个现有的市场。颠覆者同时具有破坏性和创造性。与在现状的基础上提升相比，一个颠覆者会改变现状。优步就是一个例子，它颠覆和改变了世界交通行业。

开拓者是优秀的沟通者和强有力的领导者。他们对创建一个品牌充满激情。他们乐于建立和发展关系，也乐于领导团队，并支持团队成员发挥全力，去争取胜利。开拓者，在不经意间就能对团队成员产生影响,通过发挥他们的长处而激励他们。这样一来,他们就将企业引擎创造出的潜力和机会,放大了数倍。他们总是能够让人们在自己的专业领域中不断精进。

如果你想吸引一位开拓者进入企业,就要对他的特点和具备的能量有深刻理解,并要保证给他们提供能够让他们发光发热、开拓事业的环境和职位。

开拓者的特点

◎ 他们会在荒野中开辟出一条新路,引导他人前行
◎ 他们会发现、创造或做出一些全新的东西,并使其被大众接受或变得流行
◎ 他们是思想的先锋,总是走在最前沿
◎ 他们高瞻远瞩,富于创新精神
◎ 他们经常开创新的市场

信任三角形

- 他们比其他人更不愿遵守规则,倾向于创造自己的规则
- 他们很少接受过去行之有效的做法
- 他们冷酷无情,坚韧不拔
- 他们不受控制
- 他们合作性强
- 他们会自然而然地相信他人,并通过帮助他人建立信任关系
- 他们会给他人授权
- 他们会给他人无罪推定的机会
- 他们会建立团队,与知道怎样解决问题的人共事
- 他们会制订计划并克服障碍
- 他们拥有力量、勇气和毅力
- 他们充满活力
- 他们积极乐观

◎ 他们会努力去理解他人
◎ 他们将自己的成功归功于他们周围的人——主要是他们的团队成员
◎ 他们能看到新的机会，雄心勃勃，目标明确
◎ 他们精力充沛，充满干劲儿
◎ 他们因变革而成长
◎ 他们建立、领导和管理团队，通过加入和利用社群，积极妥善地工作
◎ 他们善于沟通，善于与外界打交道

一些开拓者喜欢问"谁……"的问题，还有一些开拓者喜欢问"假如……"的问题。

喜欢问"谁……"的开拓者

喜欢问"谁……"的开拓者，会自然而然地问："我们认识的人中，谁能承担这个角色（任务、项

目、工作)?"他们会利用自己的人际网络去寻找合适的人。因此，这样的开拓者，是以团队为中心的。

可以确定，你肯定遇到过一个喜欢问"谁……"的开拓者，一个完全理解了"关键问题是为工作找到合适人选"的领导者或者企业家。他们知道通过谁能够获得所需的信息和技能。你也可以向你的团队这样提问："谁是行业里解决这一问题的最佳人选？"

喜欢问"假如……"的开拓者

喜欢问"假如……"问题的开拓者，会思考那些不可能的事，以及怎样让它们变得可能。他们一般会问这样的问题："假如我们能够用更好的方式创造或提供服务，那会如何呢？""假如我们能让人们拥有好得多的体验，那会如何呢？"他们富于创造性、具有远见卓识。有时候他们因为思维转换过

第二部分
构建企业引擎

快,发现很难将自己的愿景传达给其他人。他们心系大局,与建立和经营团队相比,他们更关注创造新想法和新产品。史蒂夫·乔布斯(Steve Jobs)专注于愿景和品牌,而且他找到了一个很好的方式进行有效传达。理查德·布兰森也是一个喜欢问"假如……"的开拓者。

开拓者一般分为以下三种:

◎ 梦想家:梦想家们天生富于激情,擅长为一个企业或一个行业创造愿景。他们长于天马行空的想象,会不断地产生新的创意。一般来说,相对于其他两种开拓者,在将自己的创意有效传达给团队成员和外部世界方面,他们的能力稍弱一些。在之前的创意得以完全执行之前,他们就已经产生了新的创意
◎ 品牌建设者:品牌建设者擅长独立思考。仅仅

通过做自己和利用个人魅力，他们就能自然而轻易地建立诸多品牌。他们热爱表达，善于展示自我和表演，并乐在其中
◎ 团队建设者和领导者：团队建设者和领导者会对其他人产生影响力，并充分利用他们卓越的人际网络。他们会积极地在企业内外广泛宣传企业的愿景

一个开拓者如何发挥一个交易人的最大功效？

◎ 给他们一个挑战
◎ 尊敬他们
◎ 给予他们空间和自主权
◎ 接受他们不做某个交易的决定
◎ 让他们专注于交易本身，而不要让他们做管理、报告等会让他们分心的工作

第二部分
构建企业引擎

一个开拓者如何发挥一个专家的最大功效?

◎ 为他提供关于预期结果的清晰指引
◎ 给予他们分析和处理数据的时间,让他们得到最佳解决方案
◎ 不要只给他们一件事去做(专家喜欢多任务并行处理)
◎ 让他们在一个毫无干扰的环境中工作,这样一来他们可以专注于自己最擅长的领域
◎ 永远不要管得太细

开拓者是企业引擎的领头人,因为是他们的愿景、激情和能量,在推动企业和品牌前行。他们有决心,愿意冒险。作为领导者,他们能够看到未来不同的可能性,并着手将梦想变成现实。

第 8 章 交易人

典型的交易人是自信的人,能够自我驱动,充满热情,求胜心强,在紧迫的时间和持续的激励下,表现良好;他们欣然接受变化,乐于见到现状被打破,因为这样能够刺激肾上腺素分泌;他们同样欢迎诚恳的反馈:这让他们成为团队中的宝贵财富。

作为企业家,如果想将一个创意推向市场,你需要有一个强有力的执行者。对于一个快速发展的企业,在其早期阶段,是交易人让交易得以完成。

一个交易人，很擅长为企业获取交易机会。客户愿意与他们喜欢和信任的人做生意，这样的人通常是企业中的交易人。交易人知道，信息、关系和信任是企业的生命线。对于交易人来说，"销售"这个词跟"生意"是同义词。对于他们来说，最重要的任务是找到客户需求，然后满足他们的需求。

吸引一个交易人的方式，是给他们提供一个增长知识、扩展人脉和提升企业销量的机会和挑战。

交易人的特征

◎ 他们求知欲强，通过提问和持续学习来找到最好的解决方案

◎ 他们收集知识和信息，并在恰当的时机将其中的细节分享给恰当的人

◎ 他们行为正直，言出必行，帮助他们巩固了信任关系

trust 信任
三角形

- 他们有同理心，对人有天生的兴趣，能很快建立自己的信任基础三角形
- 他们有阅读和破译他人非口头语言（肢体语言）的能力，这让他们能够依靠直觉，采用正确的方式与人相处
- 他们经验丰富，身在任何部门都能充分理解自己负责的业务
- 很多交易人专注于手上的数据和业务时，不易受自己感受和情绪的影响
- 他们善于发现机会，精力集中，所以他们能够识别出可以转化为交易的目标机会
- 他们知道，在交易过程中时机最为关键
- 他们上进心极强，富于前进的动力和欲望，因此他们的行动力也很强
- 他们自信心强，喜欢把事情做好，不喜欢受拘束，这一特征将会刺激他们不断向前推进

◎ 他们是被成功驱策的赢家——赢得交易对他们来说非常重要

与交易人共事的好处

最主要的好处之一，是他们行动力很强。他们善用资源、善抓时机、善于将人际网络作用最大化。他们同样懂得怎样利用金钱，因为为达成交易，金钱有时候是必需品。交易人会努力让他们的谈话围绕价值和利益，而不是围绕成本和价格。一个个交易过程，会让他们的信任基础三角形更加稳固。

当目光盯着终点线时，交易人的表现最好。能够按照自己的时间框架工作，而不需要考虑日常的管理任务或为了促成一项交易去寻求额外的资源，对他们也很重要。这类让他们分心的事务，将会占用他们宝贵的时间和精力，而他们宁愿将这些时间和精力用在敲定一笔交易上。交易人追求卓越，这

是为什么成功的公司都会聘用他们作为企业引擎的原因。他们特别喜欢迎接挑战，或是去发现一个机会。而别人，很可能会错过这些机会。作为团队的一员，共同为了企业的成功而努力，会让他们感到自己也取得了成功。虽然他们也喜欢获得表扬和物质奖励，但赢得一单生意本身才是对他们最大的激励。同样，当他们的直觉告诉他们应该放弃一项交易时，他们也会听从直觉的指引。对于他们来说，相信自己的直觉，并知道自己在组织中是受到信任的，非常重要。当一项交易没能完成时（不管什么原因），他们若知道自己是受到支持的，同样重要。不过，他们天生积极向上，会很快恢复过来，满腔热情地去迎接下一单生意。

交易人与信任基础三角形的关系

　　一个交易人会使用信任基础三角形的三个要

素——调谐、第三方和时间，来实现完全信任，保证交易实现。他们深知，通过随着时间不断加深的关系，多次做交易，更加省力。所以，他们会与同一个客户完成越来越多的交易，交易规模常常也越来越大，这也使双方的合作关系更加牢固。当你对某个人的信任到了可以分享信息的程度时，就有了加深理解的机会，进而形成完全信任。反过来，这使得交易人得以跳出固有的思维模式，去思考做什么才能让相关各方利益最大化。这是一种创造赚钱的交易机会的途径。

交易人与企业引擎中其他成员的关系

在任何交易中，交易人都位于第一线。交易双方的参与者都是由他们来确定的。当需要达成一项协议时，交易人会为双方组织的决策者举办一场会议，从而签订合同。同时，交易人会与专家合作，

信任三角形

共同厘清细节问题，准备法律文件。开拓者、交易人和专家共同推动着企业向前发展。企业引擎的三种角色之间能够清晰沟通，是最为重要的。对于一个交易人来说，所谓的成果，就是因为他们良好的沟通方式和交流技巧，以及对于具体情况的认识和施加影响的能力，而成功促成的交易。在任何情况下，交易人都在努力发挥作用，致力于取胜。当赢得交易之后，他们会与整个团队共同庆祝。

交易人是企业引擎中不可或缺的部分，并与开拓者和专家相互依赖。在交易中，从根据潜在销售线索建立信任开始（第一部分），到发现客户需求，再到开发对客户来说有意义的或能够吸引客户的提案，他们一直在通力合作。在必要的时候，交易人会把控时间节奏，动员团队中的每一个人，以保证交易进行。交易人负责沟通交易条款、努力达成预期目标。在这样做的过程中，他们将创意推向了市场。

第9章 专家

专家是问题解决者,是自己领域内的专业人士。他们具有高超的技能,在一个具体的领域、细分市场或某项活动方面,拥有专业而具体的知识。他们能够处理高度复杂的信息,求知若渴。他们学东西又快又好。他们有天赋,有上进心,对自己关注的领域,既了解总体发展情况,又懂得具体细节。他们思维缜密,善于分析,能够同时推进多个项目。很多专家均擅长数学、自然科学和信息技术。

专家，常常具备利用程序、系统、研究、分析和复杂的专业知识（他们会将其简单化），将创意和企业愿景变为现实的能力。他们享受用专业技能强化企业愿景的过程，他们也喜欢与团队和谐相处。一般来说，他们乐于待在幕后——创建、分析、处理系统、数据和信息——他们的工作推动着企业前进，并为企业提供了极为重要的支持。相对开拓者和交易人，他们更厌恶风险，除非他们在自己的专业领域中工作。在按照规程办事的过程中，规则、政策和程序对他们来说十分重要，因为他们更愿意处理细节和事实。他们专精的方式，让他们工作效率很高、效果出众。

吸引专家的方式，是精确地了解自己企业所需的专业，来保证在正确时间以正确的理由去邀请他们。

第二部分 构建企业引擎

专家的特征

◎ 他们能够处理高度复杂的信息

◎ 他们求知若渴,希望终身学习

◎ 他们中的很多人擅长数学、自然科学和信息技术

◎ 他们既了解总体情况,也熟悉自己领域内的细节知识

◎ 他们能成功地完成任务

◎ 他们掌握专门的知识

◎ 他们学习能力强,学得又快又好

◎ 他们上进心强

◎ 他们思维缜密,分析能力强

◎ 他们能轻松地同时应对和推动多项任务

◎ 他们专精于一个领域,而不是很多领域

◎ 他们有丰富的实践经验

硅谷是一个专家云集的地方,比如那些构建了

极具价值的搜索引擎和社交网络的技术工程师和程序员。以谷歌的联合创始人谢尔盖·布林（Sergey Brin）为例，他就是一个计算机科学专家。他还曾被描述为一个数学天才。亚马逊的创始人和首席执行官杰夫·贝索斯（Jeff Bezos），是一位计算机科学和电气工程专家。

当然，在各学科和企业里的各个部门中，都能看到专家的身影，从考古学家到动物学家。因此，作为一名企业家，你需要为企业选出与专业领域相匹配的专家，比如律师、会计、信息技术人员、项目经理等。

适合专家的环境

在一个企业中，专家们愿意为自己专业领域内的事务负责。他们喜欢安全和稳定，为了更好地完成工作，需要给予他们适当的环境。他们认为工作

第二部分
构建企业引擎

时不被打扰、清楚自己在企业中的位置,以及自己该如何为大局做贡献都非常重要。专家需要清晰的指示和时间线。在预定的时间框架内工作,并给出完成任务的空间,是专家们感到成功的必要条件。他们对于自己所在的团队和企业有一种天然的忠诚感。对他们的技能和成就的外部认可,对他们来说也很重要。

专家喜欢坚持到底,乐于去应对能够将他们的专业技能和知识发挥到极致的挑战。如果你能给予一个专家闪光的机会,他就会取得非凡的成就。出于自我提升的愿望,他们也很喜欢挑战自我。专家们知道,成为某个方面的专业人士,将会让他们获得更多使用自己知识、技能以及在自己领域内获得公开认可的机会。出于对学习的渴望,专家们总是在努力提升,并不断分析自己之前获得解决方案的方法。这样一来,就像是运动员总是在尝试打破个

信任三角形

人最好成绩一样，他们在下一次会得出更好的结果。竞争的环境将会催生出更多的专家，因为他们渴望自我挑战，追求超越。

专家通常非常聪明，并常常拥有某个领域的正式任职资格。他们直截了当的沟通方式，与他们的可靠性和对于每个新项目的坚持不懈，一样出名。他们给外部世界的印象常常是安静的，但他们的知识和专长是不言而喻的。当一个专家向你讲述经过深思熟虑的意见时，记得要认真倾听。他们的专长，使他们在任何企业中都是一股重要力量。在分享自己知识的时候，特别是当他们能够为企业流程带来改变或能够提升终端客户体验的时候，他们的光芒最为耀眼。为自己所在的企业打造突出的竞争优势，让企业脱颖而出，会让他感觉很快乐。

对于企业引擎来说，在正确的时间，拥有具备恰当技能的专家，非常有价值。他们将会用忠

第二部分
构建企业引擎

诚和信任报答你的赏识。在错误的时间，聘用技能不符合企业需要的专家，将会让他们感到万分沮丧——他们会感到受到了压制，不能有效地发挥自己的作用。

为自己的企业引擎招募专家需要进行仔细思考：

◎ 了解你的企业引擎缺少哪方面的专家
◎ 问问自己，是否能够为他们提供一个让他们闪光的环境（没有必要对他们进行过度干涉）
◎ 告诉他们，谁是企业愿景的推动者、总体情况如何，以及他们的专业知识能够发挥什么作用
◎ 告诉他们，你具体想让他们做什么，并给他们提供完成任务的条件

即使你自己也是一个专家，可能也会需要其他的专家来帮助你的企业成长，这样一来，你们每个

信任三角形

人就都能够各自集中精力于不同的活动。专家能够为企业提供深入的知识、专业的技术、丰富的经验。借由他们的能力和推动力，流程、信息和系统才能获得生命力。他们的加入，为企业引擎创造了持续性，延长了企业的寿命。在所有成功的企业中，他们都是重量级人物，是企业成长的重要组成部分。并且，不管要求他们做什么，他们都会超额完成。他们专注、守纪律、富有上进心和奉献精神。他们付出很多，也期望很高。

第10章 执行者

任何成功的组织，其核心都是执行者。他们可以被比喻为蜂巢中供养蜂后的工蜂——没有他们，就不会有蜂蜜。在一个企业中，是执行者在完成日常工作，生产"蜂蜜"。这也是执行者位于企业引擎的核心位置的原因。他们在企业内部工作，与三角形的各个角上的关键人物合作，并向他们报告。每个繁荣发展的公司，其核心都是执行者。

谁是执行者？

创立一家企业，是一件耗时费力的工作，特别是当你试图自己做所有事的情况下。毕竟，时间是有限的——在一定的时间内，你一个人只能完成有限数量的工作，所以你需要其他人来帮助你的企业成长。清晰界定工作责任十分重要。在企业引擎中，引入适当的执行者，确实是一件互利共赢的事。完成了这一步，你就已经完成了从一个孤独的创业者或一个个体交易人到一个企业所有者的跨越。组织中的执行者会帮你节省时间和精力，你可以将他们用在扩大企业经营规模上。

因为没有任何两个人具有相同的教育和成长经历，每个执行者都将为企业带来不同的资源和技能。如果你为企业吸引到了适当的执行者，大家在一起工作将会十分快乐。执行者是勤劳的实用主义者，他们享受手中的工作任务，他们为能够高标准地完成这些任务而自豪。有些对于别人来说十分艰难的任务,在他们看来不过是小菜一碟。这也是执行者位居企业引擎核心的原因。

理解执行者

在招募和管理执行者时,请花些时间去找一找在工作环境和福利方面,哪些能够对他们产生激励。你在这一点上投入的时间,将会以执行者的勤奋工作、优良结果和完全信任的形式得到回报。

有些执行者喜欢做与企业大局有关的工作。其他人有的喜欢中等规模的任务,有的喜欢关注细节。不管他们在做什么层面的工作,执行者都能让企业引擎中负责战略的成员以自己的方式推动企业成长。

为确认执行者的特征,我们使用了20世纪上半叶由威廉·莫尔顿·马斯顿(William Moulton

Marston)开发的DISC行为分析系统。DISC行为分析是非判断性的,能够帮助人们探讨行为方式的区别。根据我们建立模型的目的,我们集中讨论执行者的三个特质:

◎ 影响性(Influence)——他们善于表达、精力充沛
◎ 谨慎性(Consciousness)——他们是善于分析的个人主义者
◎ 稳定性(Steadiness)——他们和蔼可亲、乐于助人

下表对这些特质进行了扩展。

执行者类型	特征		
精力充沛型	节奏很快	关系导向	乐趣
个人主义型	动作迟缓	任务导向	纪律
乐于助人型	善于合作	关系导向	社交

◎ 精力充沛型执行者喜欢快节奏的工作，享受快乐，以人际关系为先，常常思考高层次的问题并因此不太关注细节，喜欢被赞扬

◎ 个人主义型执行者喜欢慢节奏的工作，遵守规矩，善于分析，以任务为先

◎ 乐于助人型的执行者以人际关系和家庭为先，善于合作、社交，人缘好。他们乐于发挥自己的长处，在企业成长时，他们勤奋工作，忠诚企业，贡献良多

善用执行者来扩大企业规模

作为一名企业家，你必须保证有些东西始终就位，才能保证你和供应商、客户之间的信任。执行者，是企业经营过程中不可或缺的部分，他们覆盖着客户服务、客户随访、客户维护、后续交易，以及日常事务和具体管理等诸多任务。将执行者引入

团队后,要对他们表示欢迎,帮助他们理解公司价值并依照公司价值从事工作。在执行者与任务相匹配的情况下,你才能将精力和热情集中在推动企业向前发展的工作上。

执行者为企业生存提供了支持。根据需要,他们能够处理企业经营中任何规模的任务。他们是保证企业引擎正常运转的润滑油。假如你有一辆很漂亮的车,比如一辆宾利或一辆劳斯莱斯,但是不管车有多漂亮,如果发动机里不加润滑油,它也只能原地不动。同样,即使在前景、下一步计划、现金储备等各个方面,你的企业看起来都很有吸引力,但如果内部缺乏执行者,企业也会停滞不前。

第11章 企业引擎小结

前文中我们描述了企业引擎中的关键人物：开拓者、交易人、专家和位于引擎中心的执行者。我们也展示了他们如何互相依赖、发挥优势，以及如何从完全信任中获益。

时间

作为信任基础三角形的关键组成部分，时间也同样重要。每个人与时间的关系是不一样的，对于

时间的理解方式也各不相同。例如，时间的选择对交易人来说是极为重要的，但对其他人来说，可能就没有那么重要。时间与期望值管理和清晰地界定任务和角色有关。

信任基础三角形还显示出，信任你的团队能够使你的企业引擎有效地执行。理解了是什么在驱动和激励着你的员工，你才能充分利用他们的力量。要有清晰的目标，确保每个人知道需要做什么，什么时间完成。要帮助员工完成高优先级的任务，在他们各自专业领域内允许他们追求卓越。

怎样让开拓者做到最好？

◎ 给他们进行高层次思考和创造愿景的空间
◎ 对他们给团队带来的能量表示感谢
◎ 接受他们的成长需要依赖变化这一客观事实
◎ 与他们共事时多交流

◎ 与他们一起庆祝团队的成功

怎样让交易人做到最好？

◎ 给他们以挑战

◎ 尊重他们

◎ 给予他们空间和自主权

◎ 接受他们放弃某个交易的选择

◎ 让他们专注于交易本身，而不要分配令他们分心的任务

怎样让专家做到最好？

◎ 给他们充足的时间去开发最好的流程、系统和解决方案，给他们时间去进行数据分析

◎ 清晰地告知他们你想要的结果

◎ 同时给他们分配多个任务和大量项目，这样一来他们才能迎接挑战，在自己的专业领域追求卓越

◎ 为他们提供一个适宜的工作环境，一个不会分心的环境
◎ 表扬和认可他们的成果，清晰地给予反馈

怎样让执行者做到最好？

◎ 认识到有不同类型的执行者，他们的工作方式也不同
◎ 认识到他们是一个企业中的宝贵财富，并让他们知道这一点
◎ 在可能的情况下，为每个执行者设立界定清晰的角色和责任，这将会帮助他们集中精力
◎ 让他们了解企业全局和未来发展方向
◎ 给不同类型的执行者分配恰当的任务

抵制住聘用与你相似的人的诱惑

将与你相似或你很容易就能产生认同的人（与

第二部分
构建企业引擎

你想法一致、成长背景相似，或与你拥有相同技能和兴趣的人）引入企业，是一种自然存在的诱惑。我们建议你三思而后行。

企业引擎的存在是有原因的。它是为了创造平衡，并包含了企业需要的所有主要技能。要记住，三角形是最稳固的结构。企业引擎能够提供力量、可靠性和可扩展性。在你的企业引擎三个角上填入开拓者、交易人和专家，在中间填入执行者，从而创造出一个可靠的企业模型，为企业的建立和成长提供基础。

本书第二部分，展示了企业引擎需要什么类型的人。我们还展示了让这些关键人物做到最好需要什么条件。要记得，在正确的时间，对于你自己的任务，你能够找到比你表现更好的人，而这可以让你能够将更多的精力放在推动企业向前发展上。

我们也描述了企业引擎中的开拓者、交易人和

专家怎样能够协同工作,来得到一个完整的"三角形"。这些关系为企业提供了必要的平衡,而这些关系也会因为人的个性不同而有所不同。

"我们"的力量

绝大多数人都是社会性的人,在与人互动、交流和共事中才能成长,而不是与世隔绝。在我们自己的企业中,我们将与我们共事的人和企业外部环境中我们乐于交往的人都看作是企业合伙人。我们始终都是一个团队——我们喜欢一起完成项目,赢得生意和庆祝胜利。大家一起庆祝胜利,能够让团队更加团结,一起娱乐同样可以强化团队成员间的关系。

当你的企业引擎已经就位并开始发挥作用,你就已经开始利用信任基础三角建立关系了,不仅在企业内部,还包括与客户、供应商、合伙人的关系,而金钱就会随之流动起来。我们自己的企业引擎，就是基于信任基础三角形模型，至今仍在持续为我们创造机会，并帮助所有人赚钱。这可以作为支持我们的商业哲学"信任，是一种财富"的证据。

希拉是如何建立她的企业引擎的

希拉是一个开拓者，在建立和领导团队、基于开诚布公的双向交流和信任来开发终生关系，以及通过主动联系、影响和鼓舞他人实现这种关系等方面，充满激情。从某种意义上说，希拉是一个局外人和一个破坏者。在她进入了新兴的P2P网络借贷领域之后，她对此感受尤为强烈。作为一个开拓者，希拉在正确的时间出现在了正确的地点。当经济开始出现衰退时，她的企业诞生了。

希拉之所以经常被视作是一个破坏者，是因为她不墨守成规——通常P2P网络借贷公司都是

信任三角形

通过电子平台处理业务，但希拉的信贷公司是通过面对面沟通运营业务的。她利用信任基础三角形（调谐、第三方、时间）开发人际关系，建立联系，培育信任，与客户间建立了完全信任。她的企业将人际关系放在贷款业务的核心。

当希拉初创这一企业时，她发现自己填补了市场的空白。当时，行业中的空白区域并不契合她的技能，也不符合她的热情。然而，希拉花费了大量精力去开发这一区域，扩展自己的知识，增强自己的专业性。随着时间推移，她通过将人们联系在一起和促成新的人际关系的能力，让企业发展了起来。

认识到无法只靠自己实现商业抱负，希拉引入了专业的执行者来开展受监管的授权金融业务。知道自己是一个开拓者，她开始着手寻求第三方推荐，以找到合适的交易人和专家。像希拉这样的

第二部分
构建企业引擎

开拓者会问关于"谁……"的问题,"你知道谁能提供帮助?"通过自我调谐,希拉在与企业引擎的潜在成员会面时,会让自己的直觉来引导自己。

一段时间之后,希拉遇到了另外两位关键人物,他们之后成了她的合伙人。他们之所以受到吸引,成为希拉的合伙人,是因为他们看到了真实而透明的希拉,也看到了她对于发展企业的强烈愿望和激情。他们还发现了希拉在商业环境之外有趣的一面。在这一过程中,希拉也看到了他们在不同角色和不同环境中的样子——建立信任是双向的。最为重要的是,她的潜在交易人和专家能够认识到自己在哪些方面能为企业做出最大贡献。希拉的弱项应是他们的强项,反之亦然。随着时间推移,为了企业下一阶段的增长,三个合伙人组成了一个团队,在完全信任的基础上,他们也就都能自由地做自己。他们可以直言不讳,因为知道这不会冒犯

到任何人。他们自由而开放地沟通，他们在技能和专业水平方面都很有名，并互相鼓励去进一步学习。三个人合作良好，因为每个人都完全信任其他两人。他们知道每个人的长项，每个人能够贡献什么，以及各种任务和行动都该由谁来负责。

鉴于希拉的公司是一家金融公司，所以她将建立一支可信的执行者团队作为优先考虑的事项。这些执行者，主要是个人主义型的执行者，长于分析、以细节为先导。他们在企业引擎的中心发挥作用，为专家提供资料。希拉的个人主义型的执行者们包括一名簿记员、一名会计师、一名数据系统分析师和一名律师。

随着企业引擎的发展和演变，希拉意识到她需要找一位比自己更强的开拓者，来代替她把工作做得更好。这一举措，反而会让希拉能更好地为企业工作，为企业开辟道路，使企业实现进一步发展。

第三部分
通过创业和投资，共同创造财富

在第三部分，也是最后一个部分中，我们将会为你介绍投资三角形（目标、人和项目），展示拥有"三赢"心态有多么重要（合作双方和其他人或整个社会都受益）。

第12章 投资三角形

现在，利用信任基础三角形，你已经建立起了信任，你的企业引擎中也引入了开拓者、交易人、专家这三种关键人物，现在到了将一切融合在一起，与他人一起通过创业或投资来创造财富的时候了。

目标

在投资三角形的顶端是目标，即你尝试或从

第三部分
通过创业和投资，共同创造财富

```
        目标
     表现
人    =    项目
     结果
```

投资三角形

事某个项目的原因。当你的目标超越了自身所求并且十分清晰时，你周围的人也会受到它的鼓舞。你的目标就能为所有其他事务提供指引，将项目和团队凝聚在一起。一个从一开始就被所有人共同认可的目标，就是你的导航工具。它是一个闪亮的灯塔，在处境艰难、最后期限变更或需要不同的行动路线时，帮助你保持航向。经常以你的目标（你出发的原因）为基准进行对标，及

trust 信任三角形

时调整航向十分重要。这将会引导你平稳度过富于挑战的时段。目标高居投资三角形的顶端,并且是一切的开始。

人

实现梦想的结果,人是一种极好的资源。你的项目,可能会涉及一系列的人,从股东、商业伙伴,到财务专家、专业人士、供应商、团队成员、经理人。这些个人或团体中的每一个人都是项目的无限资源。妥善利用他人的时间、知识、金钱和关系,将会让你的项目提升到更高层次。

项目

一旦你的企业引擎已经就位,企业就会迎来对其成长至关重要的各种项目。每个项目都是不同的。基于不同的截止时间和时间表,每个项目的运行节奏都不一样,也会涉及不同的人,有不同的原因,产生不一样的结果。你可能会在同一时间内运作多个项目,每一个都是一个独立的存在。你可能会遇到一个可以被拆解成很多小项目的复杂项目。这些小项目可能可以一个接一个地运作,也可能可以同时进行。为获得你想要的结果或表现,在计划和运作项目时需要考虑很多东西。在我们的企业中,常常都是投资项目。

表现

在投资三角形的中心位置是"表现"一词,它和结果是一个意思。在项目开始的时候,结果就已经得到了项目涉及的所有人的认可。"表现"牢牢占据着投资三角形的中心位置,因为它是目标、人和项目相结合的产物。投资三角形的存在是为了给你的企业创造能获奥斯卡金像奖的表现和结果。

信任三角形

对客户的好处是什么？

没有客户，也就没有生意，所以要弄清楚你能给客户提供什么。理解客户需求和他们的问题，是至关重要的。在客户遇到的问题和他们自己尝试解决问题的方式方面，努力成为一个专家。通过研究，确定怎样让你的企业、产品或服务为这些问题提供解决方案，并能够敏锐地意识到客户可能会问他们自己的问题。例如，信贷公司Sapphire Lending的客户们，不管是借方还是贷方，都会问自己不同的问题。

贷方会问："怎样才能让我的钱更好地为我工作？"

借方会问："我怎样才能更快更容易地为我的房地产开发融资，还能节省时间？"

去了解你的客户在尝试解决自己的问题时经历的痛苦，并理解他们所犯的错误。确保你的企业提供给他们的是一个得到充分证明的一揽子解决方案，能妥善解决这些问题。这才是能让你在竞争中脱颖而出的东西。

当你充分了解和理解了客户的问题和需求，你才能真正地为客户服务和提供帮助。在对客户问题和需求做出反应时，要清晰而准确地描述出你的解决方案将如何解决他们的问题。这将显示出，你花费了大量时间来听取和理解他们的具体需求。

你与客户

你不能为所有人提供服务，所以要清晰界定和集中关注自己的客户群。深入研究，精确确定谁是你的客户——那些你乐于为其工作的人和那些你能为其提供优质成果的人。与客户建立信任关系是很重要的，这样客户才会告知你重要的敏感信息，而这些信息将会帮助你找到最佳解决方案。你必须以

信任三角形

诚恳、开放的双向沟通，来维系这种关系，不断加深双方的互信。下面列举了一些方法，能够向客户展示出你重视这单生意，而且你值得他们将生意托付给你。

◎ 对他们一直与你做生意表示感谢，给他们发邮件或信息来表示这种谢意
◎ 定期对客户进行回访——询问他们对工作运行方式是否满意，探寻是否有其他方法提供帮助
◎ 多走一步（理想的状态是，设身处地地为他们着想）
◎ 在适当的时候与你的客户建立个人关系
◎ 将客户取得的成功广而告之
◎ 预测客户的未来需求——充分地了解客户，深知什么时候是提供更多帮助的时机
◎ 做正确的事

◎ 保持联系——这是一种很好的做法，当他们下一次需要帮助时，会首先想到你

"三赢"的方法

对于通过创业和投资来创造财富，这是一种极好的方法。在做生意时，"三赢"的方法要确保项目中各方对项目所有方面进行讨论并达成一致意见。成功应用这一方法的关键，是对参与项目的各方需求有深刻理解。

"三赢"方法的优点，是它围绕着一个项目，建立起了一种成功的、互相支持的、合作的文化。其结果是不管股东、项目团队还是企业，各方都有"获得感"。它意味着，项目如期完工、符合预算，并且结果符合项目开始时大家共同的期望。在很多情况下，还会在项目结束之后，产生长期的效益。

在信任的基础上与人合作，并不断强化这种关

系，会带来新的项目。实现涉及各方的期望很重要，这样一来每个人都是赢家。例如，你介绍了两个彼此不认识但都与你熟悉的人相识——对你来说是举手之劳，但对这两个人来说，你的这一行为是无价的。

"三赢"方法的美妙之处在于，它确保了人际关系是建立在完全信任的基础上的。信任关系让每个人都能自由坦率地沟通，并把精力集中在项目的议题和目标上。从目标到人，再到项目的流动，催生出很多东西，包括方向、聚焦点和决心，结果是更好的表现。

在"三赢"方法中建立的关系，对我们"金钱跟随信任流动"及"信任是一种货币"的核心理念形成了支撑。在接下来的章节中，我们将对刚刚提到的要素一一进行深入分析，并说明投资三角形是如何利用它们的。

我们希望为了客户和涉及利益的各方，应用"三赢"的方法。信贷公司Sapphire Lending将人际关系作为信贷业务的核心。我们专门研究过怎样与两种不同的客户一起工作。

◎ 出借资金的客户——这些客户手里有大量资金，他们希望这些钱能够更好地为他们服务
◎ 借款的客户——地产开发商和地产企业所有者，他们希望通过借款来弥补某个地产项目中银行贷款的差额

出借资金的客户

出借方面对的问题是银行长久以来的低利率。为了让自己的资金以一种相对安全的方式实现回报最大化，他们需要找到另外一种方式。信贷公司Sapphire Lending提供的年回报率，要比银行的历

年存款利率高得多。与我们合作的所有出借方，在看到自己的资金增长速度比存在传统的储蓄账户（银行存款利率比通货膨胀率低，意味着长期下去，他们会损失金钱）中高时，心情会是愉悦的。由我们经手，通过在地产项目或企业项目中投资，他们的资金增加了。我们的出借方，不仅能够取得回报，也拿回了自己的本金。

借款的客户

借款人面对的问题是，银行贷款是基于算法的，而不是基于关系和之前的贷款记录。并且，还存在银行之间贷款政策不一致，以及决策缓慢的问题。另外，银行还常常要求大额的保证金。

客户告诉我们，与我们的信贷公司合作，他们能够更快地挣到更多的钱。我们为借款人节省了融资时间，让他们能够将更多的时间投入项目中去。

我们的企业在一个细分市场中，发挥了自己的长处，所以我们能够简单、轻松、快速地为他们筹措资金，并交到他们手中。

促成交易有很多方法，我们用一个符合借贷双方需求的连续的过程，将双方联系在一起，保证了在正确的时间、与正确的人之间进行正确的交易。双方必须达到完全信任。这一方法，成就了相互信任的借贷活动，并且建立起了长期的关系。

最终，我们的客户因知道自己对英国经济和社会做出了贡献——他们在提供人们急需的高品质住宅方面发挥了自己的作用，而感到高兴、舒心和满足。

第13章 目标

在《牛津英语辞典》中,将"目标"定义为"做出某件事或创造某个东西的原因,或一个事物为什么存在。"很多人在成长过程中,被告知做事的唯一目标就是得到回报。随着我们长大,我们常常会忘记自己的初心——那些让我们充满热情的事物。

我们做的事和我们做事的原因,可以以如下方式轻易地进行分解:

◎ 对我们形成终极驱动的目标（终极目标）是什么？
◎ 在一个企业中，我们为什么会采用某种特定的方式来开展任务和项目？

在本章中，我们将分析这两个问题的区别，以及它们如何相互影响。

终极目标

作为人类，我们在不断追寻，追寻生活的目标，追寻一些想要去实现的或大或小的目标。从商业意义上来说，为使一个项目获得真正的成功或真正的影响力，牵涉其中的每个人，都需要对项目更深层的目标，即其根本原因，形成一致认可。

清晰的目标会带来更高的期望，进而带来更高的标准和更好的结果。为项目找到终极目标，是一

信任三角形

个发现的过程。当你找到的目标十分清晰且超越了你自己,这一目标将会吸引其他的人和资源来支持它,加入对它的追求之中。

当所有人的目标一致的时候,因为这不再是一个人的事,各方就都会表现出最好的一面。不过,我们仍然认为回答以下这些问题是很重要的,特别是对企业家们。

◎ 对你来说,生活的终极目标是什么?

◎ 对你的企业来说,经营的终极目标是什么?

◎ 在给你带来幸福感和满足感的同时,你的目标是否超越了你自己?

◎ 你的目标是否能够点燃你的激情,每天早晨都能让你斗志满满?

◎ 你的目标是否让你充满热情?当你将你的目标讲述给他人时,他们是否也会受到鼓舞,想要

第三部分
通过创业和投资，共同创造财富

和你一起去改变世界？

我们两位作者都不是为了做生意而做生意的。我们经常问自己这些问题，而答案就是那些最终能够激励我们的东西。有生意做当然很重要，我们也在持续努力去获得成功，那是因为我们对自己的终极目标都充满了激情。

希拉的终极目标

我的终极目标是消除这个星球上忽视、虐待和灭绝动物的现象。例如，在这种热情的驱动下，我会去做些什么来帮助英国流浪动物救助中心每年多达10万只的流浪和被遗弃的狗狗。它们并没有犯什么错，并且大多遭受过人类虐待。多年来，我定期去当地的救助中心遛一遛那些可爱的狗狗。它们给我带来了很多的欢乐。

trust 信任三角形

　　我也高度关注那些在军队中和紧急救援队伍中工作的人们。他们每天都在冒着生命危险保护我们，使这个国家和这个世界变得更加美好。

　　这两方面都让我十分感动，我相信如果它们结合在一起，一定能产生不可思议的力量。英国服务犬组织是我的企业支持和捐助的慈善组织之一。这一慈善组织从救助中心选择被救助的犬只，进行重新训练，然后将其作为因患创伤后应激障碍而不能继续担任原职务的老兵和应急服务人员的伴侣犬。这个慈善团体同时解决了三个问题：

◎ 赋予被解救的狗狗一种新使命，一个永远的家和主人的陪伴
◎ 老兵们被赋予了一个发挥作用的机会（要对狗狗负责和照顾它们），而这种做法让他们与另一个生物之间建立信任和亲密关系

◎ 这些老兵的家人会慢慢发现，通过人与动物之间的沟通，这些受到创伤的老兵慢慢在恢复健康

我知道，通过将企业与两件让我充满热情的事联系在一起，可以产生很大的影响。我们的客户间接地帮助了这些慈善机构，因此也同样产生了影响。能够为一个终极目标而努力，给了很多人动力和回馈。这就是一种"三赢"的状况。这一捐赠活动对我个人影响很大，让我感到了某种满足感和幸福感。我的企业不再仅仅事关我自己，而是与更深层和更重大的事物有关，即我的终极目标。

弗雷德里克的终极目标

和希拉一样，我也是在被自己热爱的东西驱动前行。我的终极目标是帮助人们更好地控制自己的生活。从公开演讲到向人们展示该如何工作，我通

过很多方式在做这件事。在瑞典海军陆战队服役期间，我看到世界上还有很多人因为军事冲突身心受创。这一经历对我的人生追求造成了直接影响。

现在，我正在利用自己在军队生涯中获得的经验、知识，去为世界做出更大贡献。2010年，联合国世界联合计划署委派我为刚果民主共和国东部地区建立保障供应的基础设施和物流系统。在这个面积广大的国家，几乎没有道路，数以千万的人无法获得直接的食品供应。

我们建立了一个组织，可以把产自刚果民主共和国和非洲大陆其他地区的粮食，运送并分发出去。我们深知，如果想得到最好的结果，需要100辆载重12吨的卡车，一年365天满负荷运转，将这些粮食送到缺少食品供应的人们手中。为做到这一点，我们得在当地与我们的运输供应商结算。我变成了一个秘密的"移动银行"（这是非常危险的）。

在这个地方，一个人随时可能会因为100美元被杀死，我却背着大量的现金跑来跑去。你可以想象一下，我当时身上带着多少钱。由于曾经在军队服役，我对身处危险境地十分习惯。我最担心的不是自己的健康，而是担心自己会把钱弄丢，这样整个项目就没法进行下去了。当时的我，要对每一美元负责。交通运输没有问题，人们就能够得到食物。只要问问自己"你能帮到多少人"，就能让我充满了干劲儿。帮助他人，并完成一个比日常生意更伟大的目标，正是这个信念在鼓舞着我。

改变世界的十七个目标

2015年9月25日，联合国193个成员国通过了十七项可持续发展目标，以消除贫困、保护自然、转变不可持续的生产和消费方式为核心要素。我们对这些目标十分认同，原因是它们将所有成员国的

领导人、政治家和商业领袖（包括诸多企业家）联系在一起，凝聚成一种向上的力量。企业家手中拥有大量的资源，我们联合在一起，可以为人类创造一个更加美好的世界。

弗雷德里克和他的儿子伊万（Ivan）、查理（Charlie），专注于联合国可持续发展的第四项目标——优质教育。他们亲自教授各种创业课程，并向世界各地的教育项目捐赠。弗雷德里克坚信，优质教育加上行动，就能够消除贫困。

希拉和她的企业的目标是联合国可持续发展的第十五项目标——陆地生物，这一目标与她的理想、她的终极目标十分契合。

弗雷德里克和希拉都是非营利组织B1G1的全球合伙人。B1G1号召企业捐出企业收入的一部分，以一种更便捷的方式去影响世界。

意向和情感的区别

意向包含了动作和行为。情感，包括了热情和意义。意向，是我们选择做什么的原因；情感，是我们为什么这样做的原因（终极目标）。这个"为什么"里贯穿了企业或项目中所有的决策过程，从为某个职务进行人员招聘到工作流程和截止日期管理等。你可以改变你所做的事——换句话说，随着企业发展和进步，你可以改变企业从事的项目，但"为什么"这个问题不会改变。

在愿景清晰方面，微软公司是一个很好的例子。在公司成立早期，他们的愿景是让每个人的书桌上都有一台个人电脑——这也是他们的终极目标。他们相信，电脑能够帮助人们提高工作效率，实现更大的成就。比尔·盖茨关注的是电脑能够做什么，以及世界需要电脑的原因。今天，他借由他与前妻共同创立的比尔及梅琳达·盖茨基金会，仍

在致力于解决世界面临的问题。

苹果公司的口号"非同凡响（Think Different）"就是他们的理想。它给个体赋能，并同时向现状发起挑战。

这些例子告诉我们，重点并不是你在做什么，而是你为什么这样做，是情感在驱动着你前行。

统一对目标的认识

在前文中我们提到过，让所有人都认同"终极目标"十分重要。这是让事情顺利发生的关键因素。"分块"（即将事物分成更小的单元）是在计算机领域常用的词。向上归类使你可以从具体细节上升到整体意义——换句话说，就是将注意力从局部转移到整体。它还有助于相关人员在概括层面上找到共识。向上归类到目标层面，有助于建立桥梁，弥合差异（出于各种原因，人们想要相同的结果）。向下归类包含了将注意力从综合向具体的转移（从总体到局部）。向下归类的过程，一个步骤接一个步骤，通过更小的细节，来保证整体的一致。

具体的目标

我们在做某些事时，经常会有更深层的原因。这些深层原因在驱动着我们，并且我们只会与信任的人分享。当你知道了原因之后的终极目标，会让获得正确的结果更加容易。你需要深入探讨，来找出隐藏在所有想法后面的具体原因。

这里有一个例子。假如你是一个网页设计者，接受了为某个公司制作一个网站的任务。对于终极目标的探讨可能会是这样的：

问：你为什么想要制作一个网站？

答：让人们能够找到我们，发布信息，增加我们售出服务的机会。

问：为什么你想要这样做呢？

答：我们想强化我们的品牌，走向国际市场，增加销量。

问：这将会为你带来什么？

答：扩大生意的机会，吸引新人加入我们的企业引擎。

问：让这些很棒的人进入公司，公司会得到什么呢？

答：这将会使人们发挥特定作用，更加专业化。这也会让公司所有人能更多授权，放手让员工去完成任务。

问：这对企业所有者意味着什么呢？

答：这意味着，他们可以不再参与企业运营，有时间和精力去做其他的事情。

终极目标揭示了客户制作网站的真正原因。也许是企业主想从企业运营中解脱出来,因为他们想拥有更多自由去享受生命中的其他事物——也许他们想卖掉公司,早点退休。这些并不会出现在你收到的任务里。

不管是什么样的项目,探寻项目被构思出来的原因,具体化的问题都可以作为一种强有力的工具。在投资三角形中,那些驱动着我们和驱动着我们的目标的原因,都十分重要。

为什么违抗军令?

20世纪90年代,弗雷德里克在自己的军队生涯中,学到了很多重要的管理知识。如果你在一个军事组织中工作,那么最早认识到的事是如果你处在一个有权威的位置上,那你身后就会有数百年的历史和严格的等级制度在支持

信任三角形

着你，你下达的命令都会得到服从。然而，在瑞典，军队的运行模式与世界其他军队略有不同，而这是一个士兵问出了"为什么……"导致的结果。

一般来说，士兵以这种方式对命令发出质疑，会被视为严重失职、不服从命令，甚至是可以被惩处的。然而，他的问题言之有理。那个命令并不合理，他想要弄明白为什么他被要求遵从这样一个命令。当整个军队发布命令的机制发生改变后，在这一系统中成长起来的新一代士兵，质疑命令已经成了普遍现象。现在，当一个命令发布时，其原因必须同时发布。

这个案例告诉了我们什么呢？它告诉我们，问出"为什么……"的问题，能够帮助人们进步。在弗雷德里克看来，如果对这个问题的回答不成立，这个命令就应该被质疑。在历史上，很多疯狂的命令在没有任何查验的情况下就被执行了；如果这些命令被质疑过，很多惨剧或许就可以被避免。一个士兵，提出了"为什么……"的问题，使千万人学会了发布命令的新方式——在下达命令时说明意图和目标。

现在从授权的角度，来思考这一例子。理解在某个项目中你为什么要开展一个任务或行动，或者让其他人去理解这件事，十分关键。问自己"为什么……"，你可能会想到一个更好的解决方法，或者会鼓励他人就任务的目标进行讨论。"为什么……"的问题（目标）是一个很好的开端，能促进一个企业或一个项目中所有相关人员更好地合作。今天，千禧一代（Y世代）对于"为什么……"的探寻，超过了所有年代的人。作为企业家，我们都可以致力于把企业打造成一种造福世界的力量。

在我们的投资三角形中，目标，是为了阐明你为什么要经营你的企业，以及你的终极目标是什么。选择自由是一个有力的助推器。在投资和创业历程中，我们看到了这样一个发展过程，人们从还清债务到补充收入，再到替代收入，买回时间，最终会朝着一个远大于他们自身的目标前进。

一个强大的、无私的、伟大的目标会吸引各种资源来支持你的事业。

第14章 人

没有人，就没有生意。

正如我们在第二部分中讨论过的，你的项目吸引到什么样的人，对于企业的总体表现十分关键。随着企业规模扩张，越来越成功，你将会与很多组织之外的人打交道。届时，对于你的项目、决策和行动，其影响力会扩展到企业引擎之外。正如本章中将会展示的，外部人员对企业的成功也会起到很大作用。这些人主要有：

信任三角形

◎ 商业联盟和生意伙伴

◎ 赞助商

◎ 金融支持者

◎ 中间人

◎ 项目经理

商业联盟和生意伙伴

　　商业联盟，是两个或更多组织之间的一种组合，大家决定共享资源，以执行一个特定的、互利的项目。商业联盟可以极大地节约项目完成时间，增加收入。生意伙伴关系是可以长期创造价值的合作关系，其中的各方都会获益。经过战略性选择，他们可以强化你的品牌，扩大你的影响力。用另外一种方式来表达，即1+1+1≥3。

　　生意伙伴和商业联盟的基础，都是信任。良好的关系、一致的期望和共同的价值观，对任何合作关系都很重要。很多同一行业内的企业结成联盟来进行合作。例如，1997年，5家航空公司组成的星空联盟成为第一个全球性航空公司联盟。今天，该联盟成员已经达到28家。其中的每一家都有自己的企业文化和服务模式，但彼此也能和谐相处。这样的行业联盟，促进了行业团结、节约了成本，创造了更高的利润。

生意伙伴和商业联盟，同样可以发生在不同行业的企业之间。比如：

◎ 雀巢公司与演员乔治·克鲁尼(George Clooney)合作，来定位他们的品牌——浓遇咖啡(Nespresso)。
◎ 企业家弗雷德里克与西蒙·祖特施（在伦敦提供策划培训）、丹尼尔·希尔（他经营的Multi-Let UK公司与证券投资管理相关）行了合作。弗雷德里克还与房产开发商和金融服务供应商建立了联盟关系。

信任三角形

赞助商

　　赞助商可以为项目带来大量的资源，而赞助商常常是在寻求协作、商誉，并通过投资互利共赢。赞助商，常常与体育赛事有关，他们希望自己的品牌，与一个成就卓著的运动名人的性格特质联系在一起，或者与运动本身联系在一起。他们希望将成功和赢得比赛与一个先锋或奢华的品牌联系在一起。例如，劳力士是世界一级方程式赛车锦标赛官方计时器与官方腕表品牌；奥迪与很多冬季运动项目有联系，因为冬季项目与他们一直强调的车辆全路况越野能力相契合。理查德·布兰森将维珍集团与很多的人物、事件、初创企业等联系在一起，来获得更大的市场。

　　作为一名企业家，你也许也正在考虑赞助某件事件或某个人。我们已经向你展示了创造自己的信任基础三角形（第一部分）的过程中调谐的必要性。与你想要赞助的人或项目调谐，同样重要。

金融支持者

曾经，金融支持者指的是为企业或项目提供经济支持的个人或机构。现在，金融支持者包括个人借款人、P2P网络借贷机构、众筹融资机构、风险投资机构或天使投资机构等，所有这些都基于可以通过时间建立的关系。

沃伦·巴菲特（Warren Buffett）可能是世界上最广为人知的金融支持者。他对于投资时机的准确把握，让他声名远播。他创建了伯克希尔·哈撒韦公司，该公司拥有很多公司的全部或部分股权，比如，鲜果布衣、玛氏、可口可乐和美国运通等。根据纳斯达克网站数据，伯克希尔·哈撒韦公司的股价，已经从1980年的每股375美元，涨到了2017年的每股30万美元。这是一个很好的时间复利效应的例子。

不管是谁在为你的项目提供金融支持，你都需要确保自己在项目中有决策权,并与你选择的金融支持者能够相处愉快,这将为项目成功奠定良好基础。

中间人

生意,常常是由中间人的引荐促成的。他们都是你信任的人。这些人有与你不同的交际圈,能够将你和信任他们的人联系在一起,包括那些他们社交网络中的人。中间人,可以成为你或企业的大使或介绍人,他们在讨论或推荐你时,常常并不是为了自己的利益,他们这样做也能够给自己的社交网络增加价值。同样,你也可以成为其他企业家的友好中间人,创造出互利的关系,并最终促成生意。中间人,在最初常常会夸大你的企业或项目的信息,这种适度的夸大是必要的。这关系到能否进入新市场和找到新员工、新客户或新的资源。当今影响力较大的中间人有马克·扎克伯格(Mark Zuckerberg),他用脸书改变了人们通过社交媒体产生联系的方式；里德·霍夫曼（Reid Hoffman）——领英的创始团队成员之一，成功地将商业界人士联系了起来。

项目经理

项目经理可以来自企业内部，也可以来自企业外部。不管他们来自何处，他们都必须展示出强大的沟通技巧，并有能力向团队输出愿景和激励团队。他们是强大的代理人和问题解决者。理想的项目经理，在计划、组织、汇报和预算管理方面，应该是足智多谋的。追踪项目的全过程并成功完成，提高所有人的综合表现，保持项目的一致性，同样是一个项目经理的职责。项目经理和管弦乐指挥之间有很多的共同点。弦乐、铜管、木管和打击乐，每个部分都会产生不同的声音，然而整体的声音才是一个完整的交响乐。乐队指挥在关注音乐会整体速度和流畅度

的同时，控制着每个小节的节奏。管理单独的部分和项目中涉及的各种人员是项目经理的职责。这是关于时间和节奏、沟通和计划、谈判和领导的工作。

默契、和谐、友好的关系

我们每个人都是独一无二的，都拥有自己的指纹、DNA以及看待世界的方式。不同的教育、才能、经历、信仰和价值观，塑造了不同的我们，这些也让我们对世界有着不同的解释。感受即是现实，我们都有不同的感受。谁都不是完全错误或正确的。理解他人的视角和看待事物的优先顺序，是领导者成功的关键。

当一组人共同为了同一个结果而努力时，达成默契是非常必要的。默契，是一种个体之间和谐的理解。它让沟通变得顺畅，能帮助我们了解彼此的感受和想法，并创造出高质量的关系。当这些关系得到信

第三部分
通过创业和投资，共同创造财富

任的支撑，就会历久弥新。默契就仿佛是双人舞，任何人之间都能建立默契。建立默契，仅仅需要时间和通过他人的眼睛去看待世界的能力。通过欣赏他人的言谈你可以获得默契，即使在你不同意其观点的情况下。去欣赏他人言谈的方法之一，就是不要说"但是"。"但是"这个词意味着你听到了所有的话，然而，你有些不同意见，因此就否定了他人刚才表达的一切。这是很具破坏性的。用"还有"代替"但是"，因为"还有"这个词既无害又包容。

默契，有赖于双向的交流。观察的一方必须看、听，并与说话的人调谐，这样一来他们就可以用说话者的语言（例如，说话者喜欢的用词及其含义）来提问题、做笔记。当你真的是在倾听，你就是在创造默契。我们通过吸引、理解、联系他人等，来建立默契，当我们的身体、思想、行动和语言都完全一致的时候，我们就可以完全信任我们发

出的全部信息。这是在与他人交流时重要的一部分，这样做会让我们变得真实可信。微笑也很重要，因为笑容传达了乐观、能量和快乐，有很强的感染力，能够使默契增加。当你在一段关系中发现了默契的成分，就说明了信任的出现。当你拥有了一段可信赖的关系，就一定会有默契。

我们不可能不沟通

只要我们醒着，我们就在沟通，有时候是语言性的，有时候是非语言性的。从最基础、最自然的呼吸，到动作、姿势、表情、声调、语速、重音，所有这些都在传递着我们的信息——与言语一样。要注意到，只要你醒着，你就在以语言和非语言的形式不断地传递信息。我们不可能不沟通。

你可能认为，自己已经很清楚地向项目或企业中的人传达了某个信息。然而，你得到的反馈，才能说明信息是否得到了理解。如果没有得到预期的反馈，要意识到是你沟通的问题，并要用另外一种方式去沟通和表达你的想法和理念。在重新表达之前，可以这样说："我来换一种说法"或"让我更清楚地解释一下"，然后花点时间来倾听对方的回答。有时候，需要尝试六七次，你传达的信息才能以你预想的方式被理解。永远不要放弃——在沟通时要有耐心，方式要灵活。在这个世界上，我们都是独一无二的，让别人听懂我们所说的话，是我们自己的责任。一旦你表达的意图被真正地理解了，人们也就为了共同前进做好了准备。

在虚拟世界中的双向沟通

如果你在虚拟的世界中和人合作，我们建议在可能的情况下，不时地面对面接触一下。如果你与同事、搭档工作在不同的办公区，甚至是不同的国家，那么你们要提前规划好视频沟通计划，就像筹划一次会面一样。这将有助于：

◎ 了解到最佳会议时间，可能需要考虑不同时区的影响
◎ 保证人们知道将会使用哪种技术、工具或应用程序，以及选择它的原因
◎ 了解每个人偏爱的沟通方式（文本、即时消息、电话、视频或其他）

在这种虚拟沟通的场合，数据分享方式的重要性要超过面对面沟通的场合。因此，案例吸引、启迪和引导他人、通过帮助他人做贡献，以及全力以赴就变得非常重要（在第4章"公平与平衡"的部分我们已经讲到过）。在创建一个沟通计划并按照约定执行计划的过程中，你将会建立和维护信任。

灵活性最强的人对结果具有最大的影响。如果你足够灵活，能够使用多种方式将你的意图和信息传递给其他人，那么作为最为灵活的沟通者，你一定会对结果产生巨大的影响。

要做一个真实的人，让别人知道你在做什么

下面是一个信任与机会同时出现的例子。

弗雷德里克在瑞典海军陆战队任职期间，网络上很多年看不到他的消息。当他离开军队后，他做出了一个经过深思熟虑的决定——要在网络上活跃起来。现在，通过持续在网络上发布消息，他展示出了真正的自我，让人们了解他到底支持的是什么。这给他带来了很多有趣的机会。弗雷德里克频繁更新他如何帮助他人的内容，清楚地展示了他的职业转变——从一个军官（也是

信任三角形

一位绅士）转变成多家企业的所有者。

弗雷德里克不知道的是，他在军队的一位前同事数年来一直在社交媒体上关注着他。当时机成熟时，这位前同事采取了行动。通过共同执行艰苦的任务和危险的行动，他们很早就建立了信任。弗雷德里克的这位前同事当时正在为建立一个新公司（一个在线交易平台）寻求意见。他意识到，正确的商业建议将会极大改善经营结果、促进公司成长，确保企业进入上行轨道。他和弗雷德里克就这一商业理念共同努力，很快就建立了伙伴关系。不到一年半，公司的市值增加了10倍。

这个故事告诉我们，总有一些人是你可以信任的，只要你让他们知道你在寻找什么，在做什么，他们就能帮助你成长和成功。有很多和你志同道合的人，所以要去寻求他们的建议——允许自己站在巨人的肩膀上。为什么？因为你有这个能力。你可能已经知道你想和谁说话或工作，所以没有什么能阻止你，除了你自己。勇于寻求帮助，这正是弗雷德里克的前同事做的事，这让他的公司与一名金融支持者建立了联系。

弗雷德里克是典型的商业顾问和交易人。他帮助企业成长，帮助他人成功。在许多情况下，合作都是商业挑战的解决方案。弗雷德里克带来了融资知识和人脉，而投资者带来了他们的资金、圈子和经验。

弗雷德里克的合作关系之所以能够建立，是因为信任基础三角形背后的原则——调谐，可信任的第三方关系和长时间保持联系，这一切创造出了信任。弗雷德里克的前同事，后来的企业家，找到了一个适合在他的"企业引擎"中担任交易人的人。弗雷德里克专注于通过这种方式加速业务增长，在许多企业中都取得了成功。

第15章 项目

　　根据需要，从制作一本内容繁杂的小册子或一个企业网站到投资一个租售公寓地产项目，项目的形式和规模可以是多种多样的。对于任何项目来说，成功都是主观的，也是客观的——一个人眼中的小利润，可能对另外一个人来说就是大盈利。

　　你怎样才能知道，一个项目产生了你想要的结果呢？在项目开始时，弄清心中的成功是什么十分重要。因此，在项目最初，思考你认为项目成功的标准，把它们写下来。随着项目向前推进，让直觉告诉你项目运行的状况。你要自己观察正在发生什么，自己去听大家在说什么，这样一来你将会对项目是否正在按照计划向着一个理想的结局前进有直观的认识。

时序和节奏

在项目管理中，时间表是一系列各自具备起始时间点的行动和成果。在它们之间，是一些里程碑性质的事件。在进行下一个工序之前，必须要先完成它们。一个与时序相关的常用工具叫作甘特图，由亨利·甘特（Henry Gantt）于1910年发明。它通常是按照任务和子任务的线性顺序，以图形的方式说明项目中各个事项的计划。这个图表最具价值的地方在于，它显示了任务以怎样的方式服从一个特定顺序。它阐明了在启动其他工作之前需要先完成哪些工作。你可能会发现你需要压缩其他部分所用的时间，来用更多的时间完成时间表中的某一部分，同时产生一种紧迫感。甘特图对于任何项目都是非常有用的可视化工具。它将帮助你估算项目中的时间应该如何细分，以及任务和子任务应该如何排序。

节奏是音乐的基本要素，对企业也是必不可少的。如果你想生意成功，做什么、什么时候做、怎么做都需要遵循一定的节奏。这都是关于时序的问题，是关于形成牢固、规律和可重复模式的问题。

不管是商业项目还是投资项目，项目都有自己本来的流程。

要在项目中建立时序和节奏，你需要考虑很多方面：

◎ 总体范围
◎ 时间表——每天、每周、每月和每年必须完成

什么

◎ 每个人在项目中的角色和行动

◎ 沟通、报告、数据更新、反馈和会议的频率和种类

◎ 财务预测、预算、现金流、成本和对这些项目的监控

◎ 使用的方法

◎ 需要控制的风险

◎ 对项目进行回顾的方法和进行总结的方法

◎ 项目结束的时间

问问自己"我在企业或投资项目中形成了什么样的节奏",还要记住,你的每个项目中都可能有更小、更独立的项目,每个项目都有一个自然的流程。找到并建立你自己的节奏,把这个节奏传达下去,按照这个节奏行事并记住它,而不是像目标那

样，可以根据需求而改变。世间万物都有自己本来的节奏和流程，比如大自然、日常生活等，企业也是如此。

管理期望

管理期望是为了确保项目中的每个人都清楚地知道可期望的结果。具体来说，管理期望需要详细理解你是如何以及为什么在做事情，并不断让所有相关方都了解最新信息，以确保不同层次的期望都得到满足。

这些层次包括：

◎ 人际层面——项目经理和客户之间的关系会影响预期，这取决于他们如何互动
◎ 技术层面——一个项目在技术层面可能会因为技术本身的变化而改变

◎ 环境层面——事情确实会发生变化，当外部事物发生变化时，内部事物也会发生变化，包括项目的范围以及计划。这种变化可以影响或塑造客户的期望。很少会有事事都按照计划进行的情况，所以要保持灵敏，并能够调整项目以适应新的情况

信息收集

在任何新项目开始之前，问问自己做计划需要提前收集哪些信息。当然，这将取决于每个项目的具体情况。一般来说，关注大局和关注细节都是有用的。信息收集和实现一个想法必须采取的行动有关。应提前收集并考虑所有必要的信息，然后确保你的团队拥有使项目顺利运行所需的一切。项目结束后，要及时将注意力转向后续工作，如整理财务报告，总结经验以及与团队一起庆祝成功等。

trust 信任三角形

对管理进行度量

信息、事实和对结果进行度量,能让所有管理工作变得更加容易。收集这些信息可以让你看到趋势并做出更好的决定。大多数公司都在持续改进流程,以调整产品、服务或业务流程,从而为客户带来更多价值。当你对自己的表现进行度量时,会更容易了解哪些工作进展顺利,哪里需要做出改变。指标是帮助度量绩效、效率、进度、产量、质量和程序等的标准。对这些项目进行度量后,就可以开始评估它们并根据结果采取必要的行动,这对任何项目都是很关键的。度量标准可以帮助你建立预测模型,进而提升资源量、工作效率、生产率和决策质量等。项目经理应该负责度量和管理项目的进展,包括成本、质量和时间轴等。在问题变得更严重之前发现问题,这样你就可以及早做出反应和调整。最后,在项目结束时,对完成的工作和结果进行评价。

度量，对于将人的发展、项目和项目的表现三者联系起来非常重要。还要牢记在项目进行过程中，要注意与自己调谐，检验自己是否坚持了自己的目标。

在本章中，我们概述了时序和节奏、管理期望、信息收集和度量的重要性。在我们看来，这四件事是所有项目成功的基础。

第16章 表现=结果

在投资三角形的中心,是这样一个等式:表现=结果。简单来说,它的意思是你得到的结果,归根到底就是你的表现。为得到你想要的结果,从一开始就要用正确的方式开启你的生意或项目,在所有人都达成共识的前提下,采用一种"三赢"的方式,并从一开始就确定终极目标是什么。通过这些方式,将项目中的人员团结在一起会更加容易。在整个项目进行过程中,要保证沟通顺畅，让每个人都能掌握足够的信息。信息的流动将会树立较高的标准，催生高质量的结果。

当每个人都按照他们商定的方式执行，保持设定好的界限、期限和节奏，你的企业和投资一定会获得你想要的结果，创造出你梦想的财富。在此过程中，最重要的是信任。你和团队的成员必须相信，每个人都会按照商定的方式，在设定的参数和时间范围内履行承诺。沟通必须要以信任为基础——信任是诚实、开放和双向的——人们需要及时获得必要的信息，以履行他们在项目、企业或投资中的职责。

成功是不拘一格的

"成功"这个词的定义因人而异。团队的每个成员将根据他们在项目整体节奏中的表现，来判断项目是否成功。

在分析指标和结果时，重要的是要记住，我们都是独一无二的——其他人可能会以不同的方式看待和评估相同的数据。你的财务支持者可能通过看统计数据、增长情况和市场份额来衡量成功；你的项目经理可能会根据项目是否按时在预算范围内交付来定义成功；你的商业伙伴可能会根据合作效果来评估成功。如果所有期望的结果都在项目开始时明确达成了一致，并在项目结束时得以实现，那么参与的每个人都可以说，从他们自己角度来看，项目是成功的。

因此，成功不仅是在项目结束时获得良好的财务结果，而是整个项目是否满足了最初的预期。

回顾

在每个项目结束时，花点时间来进行回顾是很重要的。这可以通过非正式的方式完成，并且应该让项目所有成员都参与进来。回顾应该在项目完成后不久进行，因为此时每个人都还记忆犹新。为了用后见之明来审视项目，并为未来提供经验教训，确保每个人都能获得最大的利益和最好的结果，可以问问你自己如下这些问题。

◎ 我对表现满意吗？
◎ 我得到了想要的结果吗？
◎ 什么是有效的，为什么？
◎ 有哪些地方下一次可以做得更好？怎样做？
◎ 有什么意外的结果吗？如果有，为什么会出现这些情况，它们对项目的结果有什么帮助？
◎ 我学到了什么？

从回顾过程中获得的真知将帮助你更好地规划未来的项目，并促进你去持续改进。

信任三角形

庆祝你的成功

能一起玩的人，会聚在一起。这说起来容易，但很少有企业能玩儿在一起。完成一个项目后，不花时间去回顾和庆祝，直接进行下一个项目，是很诱人的想法。但庆祝成功是很有必要的。为什么？因为对于确认你和你的团队共同取得的成就，这是一个很好的方式。社会依赖成功的企业来提供服务和商品。以企业创造的财富作为税基，才能为我们的公共服务提供资金。我们需要健康的企业，以及在企业内部积极、活跃、专注、有动力、有冲劲儿的健康的员工。确保人们保持健康的一个方法是为你的企业增加一些乐趣，所以无论成功多么微小，都可以庆祝一下。停下来，然后确认、认可并奖励你的团队所取得的成绩。这会让他们觉得自己很特别，很有价值，自己的贡献得到了欣赏。此外，在非正式的非商业环境中，社交活动将进一步加强关系、信任和对他人的感激之情。

与在项目结束后再举行一次大型庆祝活动相比,你可以在项目进行过程中,在某几个里程碑事件完成后举行小型庆祝活动。在项目开始的时候就确定好在哪些小目标实现时举行庆祝活动,和谁一起庆祝。里程碑事件标志着项目的进展。这是与你的团队享受快乐和社交时间的机会,也是为了未来恢复和加强动力、激情和兴奋度。

与投资三角形中涉及的人以及客户一起庆祝,也很重要。你可以在发布新产品或产品系列、开设新店或支持慈善活动时这样做。或者你可以举办企业周年庆,你也可以宣传客户的成功。无论你选择哪种庆祝方式,当你从自己的成就中获得了积极的动能,这通常会在企业中激发出更多的能量,保障企业从一个成功走向另一个成功。

信任三角形

生意伙伴——希拉和弗雷德里克

希拉

在我遇到弗雷德里克时，我的金融公司已经运行了7年。当时，我的公司还在自然发展过程中，我一个人做所有的事。我知道我想扩大生意，并感觉是时候开始利用关系去寻找两个生意伙伴了。我对自己很了解，知道自己是一个开拓者，知道自己的能力和特长，也知道在不断发展的企业中适合担任哪些角色，同时我也非常清楚在企业引擎中需要引入哪些角色——交易人和专家。

我一直提倡信任。在我的生命中，一直都相信自己对人和机会的直觉。从个人发展的角度来看，我也知道，你越听从自己的直觉，就越容易与他人调谐，听从它的指引，它也将会更

第三部分
通过创业和投资，共同创造财富

好地为你工作。因此，我相信建立人脉的过程可以帮助我吸引创建企业引擎所需的另外两个角色。我对企业需要的所有角色都很清楚，也很了解。事实上，为确定如何创建一个强大的企业引擎，我深入研究了这些角色及其细微差别。我是喜欢问"谁……"的那一类开拓者，我经常问自己，"我认识中的人中有谁……"

通过在一个广阔的网络中询问我信任的人"你认识的人中有谁……"我被介绍给了很多人。从个人档案看，他们都适合我的企业引擎。但我们是否能合得来，还要靠我自己去发现。

在与他人交流和分享我的创业历程和愿景时，无论是作为企业家还是作为个人，我都是开放而诚实的。我谈到了我的价值观、信仰、优势和劣势。这是一个配对的过程。后来，一个我信任的第三方推荐人了解到我正在寻找一个交易

信任三角形

人，对我和弗雷德里克说，"你们俩应该一起工作。"后来，弗雷德里克和我几乎一拍即合，我很欣赏他幽默的性格。于是，我们开始讨论如何合作。用同样的方法，我找到了企业引擎中的专家。

弗雷德里克

当希拉和我开始讨论合作的可能性时，作为一名交易人，我下意识地在思考和分析这个问题。当然，我们在经验、技能和兴趣方面是互补的。与他人合作时我是很灵活的。如果价值观一致，我可以和像希拉一样强势的开拓者很好地合作。我承认，被人欣赏和重视总是让人受宠若惊，尤其是当关系很融洽的时候。我知道合作一个项目可能会很有趣。我也很有信心，因为把我推荐给希拉的是一个我非常尊敬的人。信任，让整个沟通过程顺畅无

第三部分
通过创业和投资，共同创造财富

比。希拉和我很快发现我们都是个性鲜明的人，并且都在用不同的方式发挥着自己的长处。那是一个令人兴奋的机会，所以我们决定合作，接受了这一挑战。希拉在做的事，有点像是在经营一家银行；她专注的领域我也很感兴趣，包括通过帮助企业融资促成一笔生意。这是一种很自然的契合——我看到了如何增加价值和扩大企业。成为希拉的商业引擎中的交易人是一个简单的决定，因为这个机会包含了信任模型里的所有成分。希拉想和我一起工作、一起玩、一起成功吗？答案是肯定的。

在表格里打钩

作为一名与自我调谐的开拓者，希拉深知，对她的商业引擎来说，弗雷德里克是一个合适的人选。作为一名交易人，弗雷德里克也知道与希拉合作将是一个很好的机会。下表为信任指标检查表，**在表格里打**

trust 信任三角形

钩——我们想要一起工作吗？一起玩吗？一起成功吗？

信任模型及其要素	指标	结果
信任基础三角形	信任之处	√
调谐	密切的联系，融洽的关系	√
第三方	第三方推荐	√
时间	合适的时机——弗雷德里克有能力做需要做的事，而且由于第三方推荐创造了信任，从见面到决定一起做生意用时很短	√
完全信任	是的	√
企业引擎	相关高级职位有空缺，有机会有所作为	√
开拓者	希拉	√
交易人	一个能专注于时机的人，一个拥有与核心业务相匹配的专业知识的人	√
专家	弗雷德里克信任一位具有创业经验和金融专业知识的人	√
执行者	当时没有聘用员工，需要在营业额增加的时候招聘	×

续表

信任模型及其要素	指标	结果
投资三角形	清晰的可能性，在这种情况下，通过不同的协同作用，实现1+1+1≥3的效果	√
目标	成长和增值的机会	√
人	充分沟通，紧密配合	√
项目	与弗雷德里克的兴趣紧密相关	√
表现=结果	高增长潜能	√
总体潜力	"三赢"	√

在保证企业成功方面，我们将投资三角形视为一个重要工具。想象一下，全体人员共同拥有一个清晰的目标，每项工作都有合适的人选，多么让人开心。这些工作都是员工自己喜欢做的，都在一个强大的框架之中，有自己的起止时间，很多时候还有比项目本身影响更长远的产出和结果，也就是表现。

结　论

信任是一种感觉。你要么拥有它，要么没有，不过它也可能随着环境的变化而变化。在一种情况下你可能完全信任某人，而在另一种情况下你可能会有所怀疑。当我们信任一个品牌或组织时，是因为我们信任它背后的人。有了完全信任，商业交易会变得更便捷——金钱也随之而来。

信任的基础

我们对这个基础问题进行了研究，发现当提到信任时，人们往往是会用概括性的语言来描述它。除非是在信任受到损害或失去了信任的时候，否则信任很少被公开讨论。对信任给予更多关注和思考，并理解其真正的含义，你就能达到一种特别的

结论

境界。何时、何地、如何给出你的信任由你自己决定。你可以通过有意识地调整你的承诺、你的行为和行动，来提高获得信任的可能性。

信任一直是建立良好关系的关键所在，因此也是我们开展业务的关键。信任是一种财富，当你对它有了新的理解，就可以使用这种财富了。

信任三角形

信任三角形让你可以在你所在的市场中挑选最佳机会。这些机会既可能是稍纵即逝、影响深远的，也可能是宽泛而普通的。信任三角形由信任基础三角形、企业引擎和投资三角形组成。在它们的共同作用下，机会被创造了出来。

在商业环境中，机会是指通过对时机或环境的把握来获取巨大的可能性。某种程度上来说，机会是自己创造的好运。企业家精神可以成为人们掌控

信任三角形

```
        信任基础
        三角形
           机会
   企业引擎    投资三角形
```

信任三角形

自身未来的能力的一部分。

信任三角形将本书的三个部分结合在一起，并展示了它们如何同时发挥作用。最终，当你建立起了信任基础三角形、企业引擎和投资三角形，你的企业就具备了扩张的最佳条件。此时，市场和市场中的位置将任由你选择。你甚至可以创造属于自己的新市场。

在企业的不同发展阶段，我们两位作者几乎实践过本书中的所有内容。当你发现一个机会，并下决心采取行动去抓住它时，请利用信任三角形的各组成部分来支持你的行动。

团队意味着一切

用对的人，做对的事儿，是企业发展的必要条件。信任是将企业引擎粘合在一起的胶水。诚恳地自我反省，能够帮助你了解自身的长处，从而看到在企业引擎中还缺少哪些关键人员。你是一个开拓者吗？是一个有理想、有动力、有能力让一件事发生的人吗？或者你是一个交易人吗，喜欢推销工作，并总能及时发现解决方案？你也许是一个专家，在某个特别的领域（技术、法律、金融）具有高端技能？任何组织的核心都是执行者。他们让一个企业快速行动，完成所有的任务。一个企业中的执行者，要具有与企业相匹配的技能。

通过创业和投资，共同去创造财富

投资三角形将目标、人和项目结合在了一起，这一组合将会带来你想要的结果。

要记住，目标有两种。一种是特定项目的具体目标（你的企业为什么要做这个项目）；另一种是企业的终极目标，即用企业做善事——为社会或比你自己和你的企业更伟大的事业做贡献。

具体目标能让团队保持一致。它使每个人都能找到自己独特的方式，为整个项目和企业的目标做出贡献。在企业中，我们都希望团队作为一个整体，就每个项目的目标达成共识。

企业的终极目标让人们有机会去支持你去实现更伟大的理想，并能够快速团结起来，建立信任。这将会使你从大部分企业家中脱颖而出。当你目标清晰、充满热情时，你就会变成一块磁铁。

商业联盟和伙伴关系对任何公司的发展都很重

结论

要。一个很好的方法是把所有内部和外部的人,从供应商到客户,都当成是你的合作伙伴。在第14章中,我们给出了一些伙伴关系的例子。在我们企业中,伙伴关系还包括顾问和咨询人员的引荐、投资和战略指导。

项目会为企业带来动能。它们是有重点的和结构化的,具有明确的起止时间。你也可以在一个较大的项目中运行较小的项目(例如,整体营销活动中的一次促销)。

一个大家一致认同并愿意为之努力的清晰目标,以及一个或一系列的项目,将会给你带来你想要的结果。

我们以真实为基础,写作了这本书。在对成功人士和成功企业进行分析时,你会发现很多模式。如果你采纳了本书中描述的做法,在我们看来,你将会更容易取得成功。在没有信任的情况下,经营

企业会非常困难。你会发现，企业很难凝聚员工和客户，他们最终都会离你而去。我们写作本书的目的，就是希望通过我们的努力，使信任在你的企业议程中占据首要位置。